コロナ・終末・分岐点

魂のゆく道は3つある！

浅川嘉富
岡靖洋（In Deep）

ヒカルランド

どういうふうに3つに分かれるのかというと、
魂そのものが新しく誕生する地球の、
5次元、7次元世界に行ける人、それはごくわずか。
それよりももうちょっと多いのが、
新しい3次元世界に戻る人。
残りの半分以上は魂の抹消、
この3つに分かれることになるようだ。

霊的世界の存在すら認めない人間はウヨウヨいます。
そんな人たちが
高次元に行けるなんて無理ですよ。
だから、３次元に戻って一から出直す。
サルとの生活から始まる人間が30％、
高次元に行ける人間は20％、あとの半分は魂の抹消です。

結局最後はリセットになるんですよ。
ただ、死に方や滅び方があまりにも悲惨な形になるのは、
アメリカ、中国、イギリス、イスラエル、スペインです。
それはカルマの大きさによって違うからです。

問題は、リセットは間違いなく起きるんだけども、
そのリセットが起きる前に
アセンションを起こさなきゃならない。
そうしないと高次元に行けません。
それをやるのに今、
必死になっている人たちがいるんです。

私は、宇宙の仕組みの中で
星が新しく生まれ変わるときには
アセンションが起きて、
上へ上がるべき人は
自動的に行けるようになっているんだと
ばかり思っていたんです。

カバー画像　アマナイメージズ
カバーデザイン　三瓶可南子
校正　麦秋アートセンター
本文仮名書体　文麗仮名（キャップス）

目次

Part 1

人口削減なのか？ 人類の一括統制なのか？ コロナの真意をえぐる！

Part 2
水没その他で中国崩壊がもはや秒読みか!?

Part 3
中国とアメリカ、同時崩壊のシナリオ

Part 4

中国もアメリカも絶対に滅びる！

Part 7

コロナと地球終末的現象

Part 8

死を超えてなお続く「霊性の向上」をわが使命として……

Part 1

人口削減なのか？
人類の一括統制なのか？
コロナの真意をえぐる！

ＰＣＲ検査陽性＝新型コロナの大嘘は何のため？

――今はコロナの状況ですけれども、ＰＣＲ検査はコロナとはほぼ関係ないですね。

ＰＣＲ検査は１９８０年代からあるんですが、検体キットの添付文書にも、感染症の検査には適さないと書いてあるようです。

あと、これを発明したキャリー・マリスさん自身が、感染症には使うな、病気の検査にも使ってはいけないと言っている。この人は、フロンガスはオゾン層の破壊とは一切関係ないと言った人なんです。正直な人だと思います。


岡　オゾン層の破壊は今、北極圏でまたふえているんですけど、もともとあるもので、フロンガスとはあまり関係ない。

それこそ地球温暖化みたいなこともそうだけど、基本的に人間がつくり出すもので地球の気温とか気候を根本的に変えるものは、今のところないと思うんですね。

もちろん公害とかはまた別として、オゾン層の破壊に関しては、高高度に例えば真珠母雲《しんじゅぼぐも》というきれいな雲があって、それは異常に冷たい大気がないとできないものなんですけども、それができると、その何カ月後かにオゾン層が破壊されちゃうんですよ。

――ＰＣＲ検査の発明者はノーベル賞をもらったんですが、２０１９年に亡くなった。情報筋の人たちがいろいろ噂するには、もしこの人が生きていたら、ＰＣＲ検査をコロナに使うことに対して必ず発言するので、まずいということで多分口封じされたのではないか。ただ、本当のことはわからない。

浅川　そういうことを考えると、今回のウイルスは人為的、意図的なものだということになってきそうですね。

――そうです。それプラス、意図的にたくさんの感染者を出して、その先に何をしようとしているのか。そこはぜひ浅川先生と岡先生にお伺いしたいと思います。

岡　僕はＰＣＲ検査のことは詳しくないですが、たくさん感染者が出るということと実際の被害がないということをなぜリンクさせないかという話であって、実際にはコロナは鼻風邪にも劣るような病気なわけですよ。

今も浅川先生の自宅には電車で来たんだけど、全員マスクをして動いているわけで、こんなことを統制されるのはおかしい。

どうしてこうなっちゃったかということですね。

新型コロナウイルスが人為的かどうかということに関しては、２０２０年2月か3月にブログに書いたんです。

おかしいなと思ったのは、普通、致死率と伝染率が高くて、あっという間に効果がなくなるものじゃないと、生物兵器にならないんですよ。

ところが、新型コロナウイルスは全く逆で、感染率はものすごく高いのに、症状は極めて軽くて、しかもなかなか消えない。

これは普通は意図的には流さないだろうなと思っています。ただ、わからないです。

浅川　社会を混乱させようという意図なら、そのほうがいいんですかね。

岡　重症化している人は、そんな病気がなくても、もともと糖尿病か何か基礎疾患で重症化しているんですよ。

アメリカのスタンフォード大学の研究では、ニューヨークの例ですけど、基礎疾患にかかっていなかった致死者は0・6％で、しかもそのほとんどが高齢者なんです。

高齢者が90％以上で、そのうち基礎疾患がない人は0・6％しかいない。

ということは、新型コロナとはほぼ関係ないと言えなくもない。

だから、誰も知らない病気でこんなことになっているのは、すごいなと思いますね。

誰も知らないと言ったら、今の世の中では怒られるんですよ。みんな怖いと思っている。

毎日テレビを見て、また感染者が100人出たとか報道しているので、あんたら、風邪とかインフルエンザのときにそんなことやってないだろうとブログに書いた。多分、風邪のほうが怖いですよ。

――インフルエンザのほうが確実に死んでますよね。年間3000人、インフルエンザ関連死を合わせると1万人に及ぶ。

岡 何でこんなことになっちゃったんだろう。

そこにもしかしたら陰謀論的なことがあるのかもしれないですけど、僕はそこまで陰謀論には詳しくないのでわからない。

浅川 ただこの問題は陰謀論というのを一応頭に入れて考えないと、納得できない点が多過ぎるように思えます。

ビル・ゲイツは悪魔だという人々

岡 実際のウイルスの出どころは、実は武漢のウイルス研究所じゃなくて、アメリカのフォート・デトリック医学研究施設という場所である可能性も高いんです。

でも、アメリカであろうと、中国であろうと、なぜそんな弱いウイルスをつくり出してはやらせたか。

結局ビル・ゲイツさんとかが出てきて、ワクチンだの、人類の統制だのという、さっきの陰謀論ですよね。

アフリカではもうすぐ臨床試験が始まると、ビル・ゲイツ財団のところに書いてありました。ワクチンを打ったかどうかとともに、クレジットカードの支払い記録とか、いろんな情報が入る。ビル・ゲイツさんは悪魔ですよ。

――ワクチンで人口削減するんだと、はっきり言っているのに、みんなは黙っている。

浅川　そういうことを言っているんですか。

――はっきり言っています。

岡　シリコンバレーのある著名企業の上級幹部は、ビル・ゲイツは悪魔だと言っている。だって気持ち悪いよ。今、アメリカの会社に勤めている日本人も、アメリカに行けなくて、全部テレワークでやっているらしいんですけど、ビル・ゲイツはヤバいと、アメリカ人も言っている。

そんなことをオンラインで言ったらヤバいんじゃないですかと言ったけど、オンラインも筒抜けですよと（笑）。

本当に人類を削減したいのかどうのか、僕はわからないんですけども、何かをしたがっている。

僕は恐らくただの統制だと思うんです。

ただ、人口削減をするんだったら、今の状況を放っておけば、食べ物がなくなって死んでいきますから。

今は本当の食糧危機が近い。

洪水だけじゃなくて、バッタとかいろんなことがあって、中国は今ひどいんです。

今年や来年は備蓄があるので大丈夫ですが、だんだんなくなって、3年後ぐらいにはとんでもない飢餓が来て、次々と死んでいく。

でも、ビル・ゲイツさんのやろうとしていることは一段上の、本当の統制なのかな。

ジャック・アタリは予測していた

岡　フランスのジャック・アタリという人が、『2030年ジャック・アタリの未来予測』(プレジデント社)という本で、血圧から糖尿病の状態から何から何まで、人間が一日中管理される社会を書いている。

セックスも、今は子どもを産むことだけど、子どもは子どもでどこかでつくる。

男性も女性もそのためにあるのではなくて、欲望のためならなんでもいいみたいなことが書いてあって、そこまでいくかどうか。

ジャック・アタリは、パンデミックで人種別に攻撃できることは既に2006年に書いています。

DNAはそれぞれの民族で多少違うので、遺伝子でどの国民がかかりやすいか。新型コロナウイルスも最初それがあったんですよ。

アジア人に致死率が高くないのを見ると、何かあるとは思うんです。

データがないことは言えないんですけど、陰謀論というのが、人類の人口削減だけなのか、人類の一括の管理なのかは、ちょっとわからないですね。

浅川　両方あると思いますね。陰謀論者なり、もともとアトランティス系の人間というのは、地球を我が物にする目的で登場しているわけですけど、天はそれが全部わかっていても、起こす分は止め立てはできない。

これは天の法則で自由意思ですからね。

だけども、それで無用な苦しみ、悲しみをまき散らしてはならぬということで、彼らが人間を自分たちの奴隷にして思うように使うという考えを出している反面、そんなことはさせないぞという天のほうの考えで、それより先にアメリカとか中国を滅亡させるんじゃないかと思うんです。

世界に広がる「アンチ・ビル・ゲイツ運動」その理由は?

In Deep　2020年5月19日

怒りの矛先は

これが日本語で報じられているのかどうかよくわからないのですが、欧米のメディアは、最近、「ビル・ゲイツ氏が陰謀論のターゲットにされている」とする記事で埋め尽くされています。

これにはなかなか複雑な背景はありますけれど、4月中旬くらいから、さまざまな方向で語られはじめていたもので、ここにきて、ヨーロッパなどでは、ストレートにビル・ゲイツ氏そのものを非難する集会が各地で開催されているようです。

現在、ヨーロッパで行われているアンチ・ビル・ゲイツ氏の運動の内容について、現地の報道をひとつご紹介します。

新型コロナウイルスの発生についてビル・ゲイツ氏が非難されるという陰謀説がインターネット上で台頭している。

Conspiracy theories thriving online accuse Bill Gates of starting the virus outbreak

AFP, Deccan Chronicle 2020/05/18

大富豪であり慈善家であるビル・ゲイツ氏を狙った虚偽の陰謀説が、新型コロナウイルスの発生以来、オンラインで勢いを増しており、このような動きは、新型コロナウイルスの感染拡大を抑制する努力を妨げると専門家たちは警告している。

ここのところ、ソーシャルネットやメッセージング・アプリ上でさまざまな言語で何千回も共有されている巧妙な写真やフェイクニュース記事には、マイクロソフトの創設者でもあるビル・ゲイツ氏がコロナウイルスの発生を引き起こしたとする陰謀論であふれている。

ゲイツ氏は、パンデミックとの闘いに約2億5０００万ドル（２７０億円）を拠出しており、実際には、新型ウイルスと戦う最前線にいる人物だが、オンラインでは理由なき非難のターゲットになっている。

ジャーナリストたちに研究と訓練を提供する非営利団体ファーストドラフトの研究者であるロリー・スミス氏はこのように言う。

「ビル・ゲイツ氏は、以前から、常に特定の陰謀論コミュニティの標的でした」


米ニューヨークのシラキュース大学でデジタル倫理学を教えるホイットニー・フィリップス助教授は、ビル・ゲイツ氏の名声の高い財団は、過去20年間に数十億ドル（数千億円）を費やして開発途上国のヘルスケアを改善してきたが、ゲイツ氏は、「一種の抽象的なブギーマン（伝説上の殺人鬼）」になってしまったと言う。


たとえば、ソーシャルネットで広まった誤った内容の動画では、ビル・ゲイツ氏が、予防接種と電子マイクロチップによって「世界人口の15％を削除すること」を望んでいるとして、ゲイツ氏を非難しているものがあるが、この動画は、世界で200万回以上が視聴されている。

パンデミックの危機が始まって以来、ＡＦＰのファクトチェックチーム（それが真実かどうかを確認する部局）は、フェイスブック、ＷｈａｔｓＡｐｐ、インスタグラムなどのプラットフォームで英語、フランス語、スペイン語、ポーランド語、チェコ語を含む言語で広まっている数十のアンチ・ゲイツ氏のフェイク情報を暴いた。

たとえば、それらの話には、ＦＢＩが生物学的テロリズムの容疑でゲイツ氏を逮捕したとか、あるいは、ゲイツ氏がアフリカの人たちを毒殺する西側の陰謀を支持したと主張する投稿を含む多くの非難などで共通している。

ゲイツ氏が陰謀論者たちのターゲットになったのは、これが初めてではない。２０１５年にブラジルでジカウイルスが発生したとき、ゲイツ氏は、このウイルス感染症で非難された西洋人の中で最も強力な人物の１人だった。

今回のパンデミックはまた、特にウイルスが出現する数年前にオンラインでの影響力が拡大していた反ワクチンキャンペーンによって、全世界でワクチン接種を拡大させてきたビル・ゲイツ財団への攻撃を拡大する要素を提供した部分がある。

ソーシャルネットで広く共有されているいくつかの投稿には、ゲイツ氏が２０１５年に「コロナウイルス会議」に出席している写真が使われている。この会議で、ゲイツ氏は、コロナウイルスによるパンデミックを予測した。

実際、ゲイツ氏は、動物に影響を与える異なるタイプのコロナウイルスに対するワクチンに使用される可能性がある特許を申請した研究機関と面会していた。

多くの科学者たちと同様に、ゲイツ氏は、新型コロナウイルスが発生する数年前に、パンデミックが迫っていることをすでに警告していたのだ。そのことが極端にクローズアップされてしまった面もあるのかもしれない。

著名人の間にも忍び寄る陰謀論

ゲイツ氏は、著名人からの攻撃も受けている。

アメリカの保守派のテレビホストであるローライン・グラハム氏は、インタビューで、ゲイツ氏が「人の監視追跡メカニズム」を開発していると主張している。

グラハム氏は、多くの人たちにその内容が誤解されているアメリカの投稿サイトへの投稿に言及し、ゲイツ氏が、誰が新型コロナウイルスの試験を受けて、または最終的には、その人がワクチン接種を受けたかどうかを証明する「デジタル証明」をすべての人に与える計画を作成していると述べた。

また、元アメリカ大統領であるジョン・F・ケネディの甥で、反トランプ大統領派として著名なロバート・ケネディ・ジュニア氏は、ゲイツ氏が世界的な医療政策を命じていると非難した。

一方、フランスの著名な女優であるジュリエット・ビノシュ氏は、ゲイツ氏を非難する内容の投稿をインスタグラムに投稿した。ビノシュ氏は、「ゲイツ氏はすべての人にマイクロチップを埋め込もうとしている」として、それをすべての人に拒否するよう呼びかけ、世界的な論争を巻き起こした。

フランスのレンヌ大学の専門家は、この問題に関して、新型コロナウイルスの追跡アプリの構築と、政府による医療データの使用をめぐるプライバシーの問題については懸念されると指摘している。

しかし、ゲイツ氏は、デジタル証明についても、マイクロチップについても、そのように述べた事実はなく、これらはあくまで誤った情報なのだ。

ゲイツ財団は、その投資への透明性の欠如についても医学誌ランセットなどの出版物で非難されたことはあるが、しかし、この問題は、ゲイツ氏がパンデミック全体を組織したという誤った情報とは意味が異なることだ。

ビル・ゲイツさんについてのこのような動きについては、何か挙げても推測以上にはならないので、コメントを書けるようなことはないですが、この記事について少し補足いたします。

まず記事の中に、「ソーシャルネットで広まった誤った内容の動画では」とありますが、それについては、動画の節々から台詞を取り出した上で、たとえば、以下のようなタイトルの報道となっていました。

Bill Gates Admits His COVID-19 Vaccine Might KILL Nearly 1,000,000 People（Clover Chronicle)

ビル・ゲイツ氏、新型コロナウイルスのワクチンによって100万人近くが死亡する可能性があることを認める。

そして、フランスの女優、ジュリエット・ビノシュさんがインスタグラムに投稿したという「マイクロチップの埋め込みを拒絶」に関しての内容の発端は、もともとは4月23日に以下の米ワシントンポストに掲載されたビル・ゲイツさん本人が記した内容から来ているのです。

Here are the innovations we need to reopen the economy（Bill Gates）
経済を再開するために必要なイノベーションは（ビル・ゲイツ）

この大ざっぱな内容は以下のようなものです。

米国や他の国々が通常のビジネスと生活に戻る前に、新型コロナウイルスの検出、治療、防止に役立つ革新的な新しいツールが必要になるとして、以下の３点が重要だとした。

1　「広範囲に及ぶ自宅での検査」　自宅検査キットを大量に準備する。
2　「誰をテストするかを選択する」　労働者、症状のある人々、陽性反応を示した人と、そしてそれらの人と接触したすべての人々に行う。
3　「テクノロジーを使用して国民の監視状態を有効にする」　陽性反応を示したすべての人に聞き取りを行い、データベースを使用して、それらのすべての連絡先をフォローアップできるようにする。その追跡と監視をデジタルツールで完全に行う。

このようなことが書かれているもので、デジタル証明書とかマイクロチップという言葉が出てくるものではありません。ただ、感染者の追跡システムについては「完ぺきなものにするべきだ」というようなニュアンスはあります。

なお、ゲイツ氏は、この記事で、「スポーツやコンサートなどの大規模イベントが許可されるのは、効果的な治療法、あるいは効果的な抗体が発見された後」としていて、4月の時点で、「最低でもあと1年はかかる」というようなことも述べていました。

そして、ゲイツ氏は、「すべてが正常に戻るためには、何よりもワクチンが必要だ」と強く述べていて、以下のように記しています。

ビル・ゲイツ氏の記述より

ワクチンを製造することができるまでは、経済は完全に正常に戻ることはできない。

私たちが最も期待している新しいアプローチは、RNAワクチンとして知られているものだ。インフルエンザウイルスの断片を含むインフルエンザの予防接種とは異なり、免疫系がそれらを攻撃することを学習できるように、ＲＮＡワクチンは身体に必要な遺伝コードを与える。そして、それ自体でウイルスの断片化を促す。身体の免疫システムは、これらの断片を発見し、攻撃する方法を学ぶ。ＲＮＡワクチンは本質的に私たちの身体を独自のワクチン製造ユニットに変えるのだ。

なお、新型コロナウイルスというのは「ＲＮＡウイルス」というカテゴリーのウイルスで、そして、このＲＮＡウイルスのワクチン、特に「広く効果がある」ワクチンを作成するのは、とても困難と言われています。

現在、世界中で、30を超える新型コロナウイルスに対してのワクチンの開発が進んでいることが報じられていまして、そして、たまに「ワクチンの開発が近い」というようなことを匂わせる報道も出ます。

しかし、新型コロナウイルスを含むＲＮＡウイルスは、非常に変異しやすいものですので、「変異しても効果がある」ものでなければ、時間の経過と共に役に立たなくなるはずです。

3月の時点で、すでに異なる塩基配列を持つ新型コロナウイルスが50種類ほどになっていましたので、それから2カ月たった今では、どのくらいの種類になっているのかわからないほどです。

以下は英オックスフォード大学で臨床試験が行われているワクチンについてのBBCの報道です。

英オックスフォード大学でも、開発中のワクチンの臨床試験が行われているが、サルを使った試験結果については、疑問の声も上がっている。

この試験では、ワクチンを投与されたサルは重症化せず、肺炎にもならなかった。一方で、ウイルス感染を完全に防ぐには至らず、ワクチンを接種していないサルの鼻腔内と同程度のウイルスが検出された。

英エディンバラ大学のエレノア・ライリー教授はオックスフォード大のワクチンについて、「もし人間でも同様の結果が出れば、このワクチンはCOVID－19発症を部分的に防ぐものの、地域社会での感染抑制効果はおそらく低いということになる」と指摘した。

おそらく、今後出てくるどのようなワクチンも、このようなものとなる可能性がありそうで、「場合によっては、効果がある人もいるかもしれない」というようなものに止まると思われます。

というのも、このように変異しやすいウイルスへの防御には「交差防御」という概念が必要となってくるのですが、つい最近、気になる医学論文が書かれていたのです。

コロナウイルスが「交差防御の抗体反応」を誘発しにくいことが論文で発表されたということについての医学記事です。

Universal Broad Spectrum Vaccine Approach Might Not Be Feasible As Study Shows Coronaviruses Do Not Readily Induce Cross-Protective Antibody Responses

（コロナウイルスは交差防御抗体反応を容易に誘発しないことが研究で示されているため、普遍的な広域ワクチンのアプローチが機能しない可能性がある）

https://www.thailandmedical.news/news/covid-19-vaccine-universal-broad-spectrum-vaccine-approach-might-not-be-feasible-as-study-shows-coronaviruses-do-not-readily-induce-cross-protective-a

---

この「交差防御」というのは、「交差免疫」ともいわれるもので、非常に平たくいえば、「ある抗原に対して起こる免疫反応が、似た別の抗原にも反応する」というものです。

たとえば、最近話題になった「BCGワクチンが新型コロナウイルスに効果があるのかもしれない」といった、まあこれは真偽がわからない話ですが、こういうことがもし事実ならば、これもこの「交差免疫」と関係する話です。

「広く抗体として機能する」というような意味です。

この交差防御とか、交差免疫という機能を持つ抗体の誘発を促すようなワクチンならば、コロナウイルスの広範に効果がある可能性も出てくるということになります。

しかし、たとえば、その逆の、「交差防御があまり機能しないワクチン」である場合は、ごく一部のコロナウイルスにしか反応しないことになります。

この交差防御があまり機能していないワクチンのひとつに、インフルエンザのワクチンがあります。

これは、国立感染症研究所のページによれば、A型インフルエンザを交差防御する抗体に「ヘマグルチニン抗体」というのがあるのですが、従来のインフルエンザワクチンでは、この抗体が誘導されにくいようなのです。

そのため、現行のインフルエンザの予防接種は、その時の流行株とは異なったワクチン株を摂取してしまった場合、効果がないことになってしまいます。

インフルエンザワクチンの摂取で効果がある人とない人が出てくるのは、おおむねこのような理由によります。

そして、先ほどの研究によりますと、コロナウイルスはこの「交差防御の抗体」があまり誘発されないことがわかったのだそうです。

これはつまり、「ひとつのコロナウイルスに効果のあるワクチンが開発できたとしても、亜種が出てきた場合、それは効果的ではない可能性が高い」ようなのです。

先ほどの医学記事の冒頭は以下のようなものでした。

香港大学の研究者たちは、ＳＡＲＳ－ＣｏＶコロナウイルス（２００３年のＳＡＲＳ）または、ＳＡＲＳ－ＣｏＶ－２（新型コロナウイルス）のいずれかに感染した個人は、他のコロナウイルスに結合する抗体を産生するが、少なくとも細胞培養実験では、この抗体は交差防御性ではないことがわかった。

現在、世界中のほとんどのワクチン開発者が、コロナウイルスの多くに機能する広域ワクチンを開発しようとしているが、この研究結果は、それは機能しない戦略を追求している可能性があることを示す。

いずれにしても、「機能する」新型コロナウイルスのワクチン開発は、一般のメディアが言うほど簡単なものではないようです。

そもそも、通常のワクチンの開発には、5年から10年かかると言われている中で、いくら全世界が全力を注いでいるとはいっても、1年とか1年半でそこに辿りついたとするならば、「その完成度はRNAウイルスに対して想像できる範囲の防御性」となりそうです。それでも、それほど遠くない時期に「完成した」と報じられそうですけれど。

Part 2

水没その他で中国崩壊がもはや秒読みか!?

三峡ダム決壊で、中国は確実に滅亡に向かう!?

浅川　話は変わりますが、私は最近中国の崩壊について、14時間ぐらいかかってホームページに書いています。私の今までの15～16冊の本とは全然違って相当厳しいことを書きますから、チェックもしなきゃならない。

そこに書いているのは、中国は干ばつや洪水などの自然災害とバッタやイナゴの大群による食糧危機でまず崩壊するということです。

岡　中国は昔から自然災害が多いところで、1958年に毛沢東の大躍進政策が始まったときは、農業政策が失敗して、3500万人ぐらい亡くなっていると言われている。

稲を食べるスズメを全部駆除しろという命令が出たんですが、スズメは害虫も食べていたので、スズメを駆除した結果、害虫が大量発生してしまい、農業は壊滅的な打撃を受けました。それは本当にひどい話なんですけど、中国はそういうことを結構繰り返していて、今回の水害がどうなのか、ちょっとわからないんですけど、いろいろあり得るかなとは思っています。

浅川　そういうことですね。

ただ、三峡ダムの崩壊については、私は理科系の人間ですから、噂話だとか感覚で言うことはできないんですよ。

岡　それは本当にそうだと思います。

浅川　ところが、最近出たデータで言うと、三峡ダムの崩壊はもう100%に近いんですよ。あのダムの最上部の高さが175メートル、7月20日の段階で165メートルまで来ています。あと10メートルしかないんですよ。10メートル越したら、防ぎようがないんだから、あふれるしかない。

岡　科学的な話じゃないんですけど、人工衛星で見ると、基礎の部分が曲がってきたというんですね。

浅川　私は、数字でわかるということが一番大事だと思っているのですが。

今165メートルで、10日間ぐらいの伸び率が1日平均で1・1〜1・2メートルぐらいだったのが、ここ3日間はそれが3メートルぐらい伸びている。

ということは、もし今月いっぱい雨が続くのであれば、崩壊せざるを得ないと思っています。

私は自分で得心しないと書けないタイプですから、ホームページにはそこまで書いて、それと同時にデータの裏づけも書いて、皆さんはどう考えますかと。

私は、3+3=6が正しいとすると、間違いなく起きると思うよということを書きました。

これが中国が崩壊することになるという一つの根拠です。

だって、6000キロを越す長江流域で生産されている米作は中国全体の70％を占めていると言われていますので、もしも三峡ダムが崩壊したら、そのほとんどがパアになっちゃうでしょう。

岡　しかも洪水は上海まで行くと言っていましたね。

浅川　全部行きますよ。

要するに、東京で洪水が起きたら、大阪や岡山を越えて沖縄の先まで行っちゃうということです。桁が違うんです。

今言ったのは、どちらかというと中国の中央部ですが、北と南はコロナとバッタでやられています。

岡　長江の下流に貯留湖が幾つもあるんですけど、既に鄱陽湖《ポーヤン》が決壊して、周りの家とかは完全に水没してメチャメチャ水害になっているんですよ。

共産党の公式発表は常に2週間ぐらい後に来るので、今の状況はわからないんですけど、あれは相当厳しいと思いますね。先生が言われたように、もし三峡ダムが決壊したら、どうなるかわからない。

浅川　完全に致命傷となると思います。現段階での洪水による死者の数が2万4000人ならわかるけど、240名なんて、共産党が発表している数値は全くひどいものです。

岡　もともと中国は、洪水ではなくて、水不足が一番心配だったんですよ。それで2〜3年前に、湖北省のちょっとこっち側にものすごく大きな雨を降らせる装置をつくった。

それは天河計画といって、天から川のように水を降らせる計画です。

そのとおりになっているんじゃないかと思って（笑）。

——それはHAARPみたいなのとは違うんですか。

浅川　それもまた違う。

岡　どういう仕組みかは僕には正確にはわからないんですけど、それを2回か3回記事にした。スペインの国土と同じぐらいの大きさだと言っていたので、そんなものをつくったら気象がおかしくなるんじゃないのかなと思ったのが2〜3年前で、それが今のと関係しているのかどうか。

本当に川みたいになっちゃったじゃないかと思ったんです。

浅川　雨を降らそうとしてやったんだけども、それを天が上から見て、そんなに欲しいんだったらたくさん降らしてやろうというので、こういうことが起きているのではないでしょうか（笑）。

6月、7月と2カ月間ずっと降りっ放しなんていうことは、普通じゃないんですよ。

長江流域の6000キロに渡る流域は東の海岸に至るまで、ほとんど全部洪水だらけなんですよ。

今、岡君が言ったように、鄱陽湖というのは中国最大の淡水湖で、その種の湖やダムの多くがもう既に氾濫しているんです。

その上に三峡ダムが崩壊したら、全体が海になっちゃう。

岡　まだ三峡ダムが崩壊してないのに、浅川先生が言うように下流は大変なことになっているみたいです。

武漢も水没しているみたいなんですけど、中国の地方の情報はあまり入ってこない。

SNSへの投稿が唯一なので、現実はよくわからない。

やたら水没していて、これじゃ、本当に三峡ダムが崩壊したら大変だろうなと思うんです。

浅川　政府は、三峡ダムの水は流してないと言っているんですよ。

しかし、流さなかったら、とっくにやられています。かなり流している。

岡　この間、「人民日報」では、5回流したと書いています。

浅川　出てたね。

岡　少しずつかもしれないですけど、やっているんです。

浅川　あそこを守っている連中にとっては、ダムが崩壊したら自分たちのクビが飛びますから

三峡ダムは崩壊を防ぐために、既に大量の放水が行われている。そのため長江の中流から下流にかけて洪水が多発して多くの住民が避難し、畑作にも影響が出ている

長江の下流にある江蘇省、南京の洪水被害

ね。

例えば100立方メートル流すと言ったら、実際は130立方メートル流しているわけです。その結果、今言った鄱陽湖みたいなのが完全にパンクしちゃっている。

岡　先生が言われたように、もともと中国があって、あとアメリカもあると思うんです。

僕はメルマガのようなこともやっているんですけど、アメリカに住んでいる日本人の読者は、ロックダウンが起こってから気が狂ったようになる人が多くて、メールの内容がおかしくなってきた。

よっぽどみんなきついんだな。

黒人の男性が殺されたことで暴動が起こったり、シアトルでチャズ（CHAZ。キャピトル・ヒル自治区）というのができたりしてたんですけど、そういうのを書くと怒ってくるんです。

浅川　実際にそういう状況になっているんじゃないですか。

岡　「岡さん、何でフェイクニュースを流すんですか」と言われて、怖いと思った。いや、日本だって結構大変なんだよと思うんだけど、ヘンにならないですよね。

この間ちょっと聞いたんですけど、アメリカ人の6割が鬱《うつ》傾向にあるようです。これはきついなと思って。

中国はどうしても水が欲しい!?

――水源を中心に北海道の3分の1がすでに中国に買われているという情報があるそうです。

浅川　桁違いに買っちゃうからね。彼等は頭がいいんですよ。水が人間の生活にどれ程重要であるかとわかっていますから。

――その水源をパイプで中国に引っ張っていくような計画まであるらしいです。

岡　中国は、天河計画がうまくいって水がいっぱいあるから、もういいんじゃないですか。

――あの天河計画で九州とかも降りまくっているのかしら。

岡　自然の変化というのは普通にあるんじゃないですか。

太平洋高気圧が来ないので、(2020年)7月20日になっても梅雨明けしないんです。

昔ブログでも書いたんですけど、今、ジェット気流とか地球の大きな大気の流れが変化していて、それがどんどん変化すると、夏がない夏とか、あるいはずっと夏とか、そういうことがある。

僕は暑いのが嫌いなので、今は涼しくていいんですが、今の状態だと、7月いっぱいは梅雨明けしなさそうですね。

八ヶ岳山麓のこの辺一帯は夏でも涼しいんですか。

浅川　もちろんそうです。ここが暑くなったときは世の中は終わりです（笑）。

岡　こういうところに住むのは憧れですね。

浅川　我が家は標高が900メートル近くありますからね。

Part 3

中国とアメリカ、同時崩壊のシナリオ

アメリカと中国はとにかくカルマが深すぎる

浅川　自然災害による干ばつ、洪水、それに、コロナ、バッタ、その3つぐらいが重なって、恐らく遠からずして中国という国は滅びるでしょう。

食糧危機が来たら、暴動の発生は間違いなし。

習近平なんか八つ裂きにされますよ。

岡　最近あの人はあまり出てきていないですよね。

浅川　感じるところがあるからではないですか。それともうひとつの問題はアメリカの崩壊です。

アメリカの崩壊には、今回のコロナウイルスが一番の元凶になる。それに追い打ちをかけるのが自然災害です。西海岸沿いの山火事は猛暑と落雷で発生しています。

この2つで、私の想像では、早ければ1年かそこら、長くてもせいぜい3年以内には、アメリカと中国という国は滅亡に向かうと思います。

私は前々からそれはずっと言ってきたんです。

アメリカと中国とイギリスの持つカルマはとてつもない。

2020年５月、アメリカ・ミシガン州では豪雨により、２つのダムが決壊し、歴史的な洪水が発生した（AFP）

2020年８月にルイジアナ州にカテゴリー４となって上陸したハリケーン「ローラ」は、風速67m／秒となって大きな建物の屋根を吹き飛ばした

2020年８月に発生したアメリカ西海岸沿いのカリフォルニア州の広大な山火事は東京都の３倍近くを焼き尽くし、今も延焼しつづけている

その結果、カリフォルニア州で発生した山火事は、住宅街にも飛び火し、2000棟近くを延焼した

要するに、アメリカは神国日本に原爆を落として、罪もない一般市民の女性や乳飲み子30万人を皆殺しでしょう。軍人たちを殺したんじゃないですよ。そんな国はアメリカしかない。

それから、第二次世界大戦が終わって以降の世界中の争い事には全部アメリカが絡んでいる。湾岸戦争、アフガン戦争、イラク戦争、あれは全部石油とカネを目的に行ったものです。

――大小合わせたら、3万から4万件やっているそうですね。

浅川　すごいことをやっているんですよ。

岡　アメリカに住んでいる日本人たちからのメールがおかしくなったのは、アメリカで内戦が起きるということを書いたあたりからなんですよ。

浅川　それは岡さんが彼らアメリカ人の持った宿命を書いたからではないでしょうか。内戦の発生があり得るのは、アメリカという国は、国民の全てが銃を持っているからです。私の読者からのメールでは、実はアメリカ人の中で銃を持っていないのは日系の人間が一番多く、あとはほとんど90％の人が持っているということでした。

しかし、日系の人間でも、コロナが始まってから皆銃を購入するようになったようです。

岡　アメリカで銃がすごく売れているらしいですね。

浅川　今から起きてくるのが銃による混乱です。軍隊や何かじゃ、とても太刀打ちできない。

岡　アメリカの人がちょっとおかしくなるというのは、恐らくそういう恐怖心があるんじゃないかな。

浅川　その通りだと思います。

メールをくれた人は、日本人には銃を持つという考えがないから絶対買わなかったのに、これはもう危ないというので本能的に買いに行ったというんです。

岡　4月にCHAZ（チャズ）という自治区ができたときも、すぐ潰されると思ったら、意外に潰されなかった。

一番冷静な人たちの意見だと、内戦はあるかもしれないけど、5年、10年先のことではないかと言うんですね。

浅川　いいや、そんな先のことではないと思います。

5年、10年なんて、私は向こうの世界に行っていますよ（笑）。もはやそんな時間はないです。

コロナ３次感染で、食糧が途絶えたら、どちらの国も内戦しかない！

浅川　もうひとつ、11月頃から3次感染が始まったら、１００％それは間違いない。

職がなくなる。職がなくなるということは、食物が得られなくなるんですよ。そうしたら暴動を起こすしかないでしょう。そのときにただ旗を持って飛び歩いているんじゃなくて、銃で撃って、自分の食物を奪い取る。

日本人にそういうことを言うと、そんなことまでやらなくたってと言うけど、違うんですよ。

岡　4000万人が失職したというのは、すごいことですからね。

――物資を運ぶ船の数が減って、アメリカに物資が届かなくなっていると書いている人がいました。

浅川　よその国がみんな輸出しなくなったからです。

――ドルの価値がなくなったんでしょうか。

浅川　まだ今のところドルは極端に安くはなっていませんが、今まで輸出していたオーストラリアや東南アジアの国々自身が食料不足になってきているからです。

岡　そうなんです。オーストラリアは今、穀物を輸入しているんですよ。

――あの山火事ですか。

浅川　山火事もあり、干ばつもある。

岡　オーストラリアが輸入すると、結構大変ですね。

浅川　それと同時に、中国に輸出していたタイとかインドネシアとか、あの辺のところがもう出さなくなったので、さっき言ったみたいに、中国が飢饉《ききん》と干ばつでやられたら、完全に中国人は食べるものがなくなる。そうなると暴動が起きる。
　その結果、習近平は地獄へと旅立つ。

イナゴはアメリカにも向かっている

岡　イナゴはアメリカにも向かっているようです。

　南米のほうは、もともとアルゼンチンで発生して、ウルグアイとパラグアイのほうに行っていたんですけど、どうもベリーズとか中米でイナゴが出てきたという報道があります。

アルゼンチンは冬なので、そこにいてもしようがない。

だから、メキシコまで行くかどうかわからないですけど、メキシコまで到達したら、あとはアメリカに行っちゃうかな。

　あの辺は今、防御能力が全然なさそうですから。

「タイムライン」というアメリカのメディアに載っていたんですけど、150年ぐらい前にアメリカで史上最悪のバッタの被害が起きて、何もかも食べ尽くしてすごかったようです。

推定で12兆匹のバッタがアメリカを横断した。

そういうことは別に起こり得ないことではない。

いろんなことが起こるんでしょうけど、アメリカと中国がどうなるのかというのはありますね。

浅川　こうして両国は滅亡に向かうのです。

やったことは必ず返ってくる!?

浅川　さっきアメリカのカルマのことを言ったでしょう。

それと同時に、カルマ大国と化した中国は、仏教国のチベットを滅ぼし、ダライ・ラマ14世を追い出して、自分たちのものにしちゃった。

実はそのやり方がものすごく卑怯なんですよ。

第二次世界大戦が終わって、世界中の国が、よその国のことなんか構っていられない時期を狙って、チベットを取っちゃったんです。そして、大変な数の僧侶たちを巨大な穴にほうり込んで、上空からふん尿をまいたんです。

このカルマはとてつもなく巨大ですよ。

そして今また香港やウイグル族の人々を悲惨な状況に追い込んでいる。このカルマも簡単に拭えるものではありません。

まず中国とアメリカがやられる。

もうひとつ大きなカルマを背負っているのはイギリスです。

これは大英帝国という名のもとに、世界中からたくさんの宝物を持ち帰ってしまったカルマです。

ロンドンの大英博物館に行くと、イギリスのものは少ない。

よそから持ってきたものを展示して、それでカネを取っているわけですよ。

岡　僕は、いつぞやコロンブスのやっていることを知って、さすがにこれはよくないだろう、ひどいというか、こんなことをやって、すごいカルマだなと思いました。

だからといってその国がどうとは思わないんですけど、白人たちはすごいですね。

浅川　あなたは優しいからそのように言うけど、私は厳しいよ。

あとスペインとイスラエル、この5つの国が持っているカルマはとてつもないからね。

岡　すごいと思いますね。

浅川　同じ滅びるにしても、悲惨な滅び方をすることになるようです。

岡　南米諸国やパレスチナに対する侵略の仕方はちょっと耐えられないところがありますね。

南米の現地で聞いた彼らのあまりにひどい仕打ち

浅川　私はグアテマラ、ペルー、コスタリカを訪れた際に現地の人間に会って、どれだけの被害に遭ったのか、どれだけ恨めしく思っているのかということを直接何回も聞いているんです。マヤの長老と一緒に風呂に入って背中を流し合った男なんて、世界中で私しかいない（笑）。

私は北極点も南極も、世界中の遺跡も全部訪ねています。それも一回やそこらではなく、ペルーのマチュピチュやナスカなどには十数回行っています。

ここまでやっている日本人は少ないと思います。そのかわり、かかった費用は全部で数千万円。

ですから、私は一般社員の退職金も、役員の退職金も、全て使ってしまって今はすっからかんです（笑）。

私は理科系の人間だから、そうやって自分の目で見て、自分の肌で感じたものでないと本もホームページも書けない。

しかし、そのためには、それだけのカネがかかるんです。

——先生はペルーに学校をつくってあげていますよね。

浅川　はい。これまでにペルーだけで9校、グアテマラとコスタリカを加えると11校になります。主に幼稚園や小学校です。これは南米を旅する際にガイド兼通訳をして頂いたセサル・ラ・トーレ氏というペルーの一流のミュージシャンの力を借りて成してきたことです。

彼とは不思議なご縁でつながり、今もなお徳之蔵でペルー音楽の演奏会などを開催して、大勢の皆さんに喜んで頂いているんですよ。

彼は現在大阪に住んでいますが、ペルーに帰った際にアマゾンやアンデスを訪ねて学校を求めている村を探し、私が提供した資金で建設資材を購入して村まで運ぶ。そして大工と村人たちの手で建造したんです。

これは実は大事なことなんですよ。というのは、一般的に行われているように、大工職の人たちの手だけで建造してしまうと、年数が経過して校舎の屋根や壁や窓などが壊れたときに直しようがないのです。開校式に呼ばれて訪ねた際に途中のアマゾンやアンデスの村で、そうしてぼろぼろになった校舎を幾つか見ましたよ。

しかし、村人たちが大工さんに教わりながら自分たちも一緒になって建設していると、何かあった際に彼ら自身の手で修理ができますから。これができないと寄贈した校舎は遠からずしてぼろぼろになってしまいます。

幼稚園から小学校まで11校の寄贈となるとそれなりの資金が必要となります。それでは、そ

最初の頃に寄贈したアマゾン川源流域のサニリアート村の小学校。ここは、今年、幼稚園と中学校を新たに建設したので、生徒の数は全部で250人を超えている

標高4500m のサシカンチャ村の生徒たちは皆、学校に行くようになったことを喜んでくれた

６校目に寄贈したサシカンチャ村の学校は標高が4500mと富士山よりはるかに高いアンデス山中にあり、開校式に行く際には車が動けなくなり難儀した

開校式の後、衣裳をつけて踊る生徒たち

のお金はどこから出たのかといいますと、沖縄から北海道の札幌、帯広までの8会場で行ってきた450回の講演会による収入だったんです。

私は講演会を全国で450回やってきました。

日本人でそれだけの講演をやった人はいないと思いますよ。しゃべることがないですからね。学校の先生は同じことをしゃべっていますが、私の講演の話は毎回違う。450回全部違う話です。

それも沖縄から始まって、北海道の帯広、札幌まで8カ所。そうすると、土、日は全部埋まって、帰ってくる月曜日を入れると、週のうちの4日は講演会だけでずっと日々が埋まった状態でした。

――よくそれだけの学校建設を成し遂げてきましたね。

浅川　どうやら私は前世でアマゾンやアンデスと縁があったようです。その「縁の力」で作ることができたのではないでしょうか。ヒカルランドから出版させて頂いた『UFO宇宙人アセンション　真実への完全ガイド』で、ペトル・ホボット氏と対談した際に、彼は「あなたは過去生でアマゾンとアンデスで6回シャーマンをやっていましたよ」と言われましたから。これが縁の力のすごさということじゃないでしょうかね。

岡　うちの父親は教師でしたけど、1000回も話していないんじゃないですかね。

ペルーを流れるアマゾン川の下流域でイカダに乗って野鳥を撮影する著者

アマゾン川流域の湖や沼の岸辺に生息しているツメバケイ

アンデス山中の5500m を超えるサルカンタイ山

学校を寄贈したサニリアート村から更に奥に入ると、連なるアンデスの峯々が見えてくる

今は80歳を超えていますから、もちろんやめていますけど。

浅川　先生というのは、学校に300日行くとしたら、1年で300回しゃべるんだから、それはものすごい回数ですよ。

ただ同じことをしゃべっている点が、私とは違いますよね。

私は、東京講演にどのくらい来られたか、参加者にお聞きしたことがあるんですよ。

100回は超したと言う人にマチュピチュとかピラミッドのテーマで7〜8回やっているけど、同じ話を聞いて退屈しなかったですかとお聞きしましたら、「先生、何言ってるんですか。テーマは同じだけど、語っていることは毎回違うじゃないですか。マチュピチュにしたって、7回しゃべれば、一部は同じ話はあるけど、あとは全部違う。だって先生は、新しいものを見てきてそれを伝えて下さるのですから、全部違って当たり前じゃないですか」と、言われました。

――写真もすごい点数ありますね。

浅川　講演会では撮ってきた写真を映しながらしゃべりますから、その数は大変です。数百枚に達していたと思いますよ。この写真を見るのを楽しみに来られていた方も多かったんじゃないでしょうか。

浅川氏の自宅で行われたペトル・ホボット氏との対談。後ろに見えるのは南アルプス連峰の甲斐駒ヶ岳。すがすがしい空気が流れる山梨県北杜市一帯。ホボット氏によれば、このあたりもまたパワースポット地帯であり、UFO が頻繁に出現するのは、そのエネルギーを利用するためだという

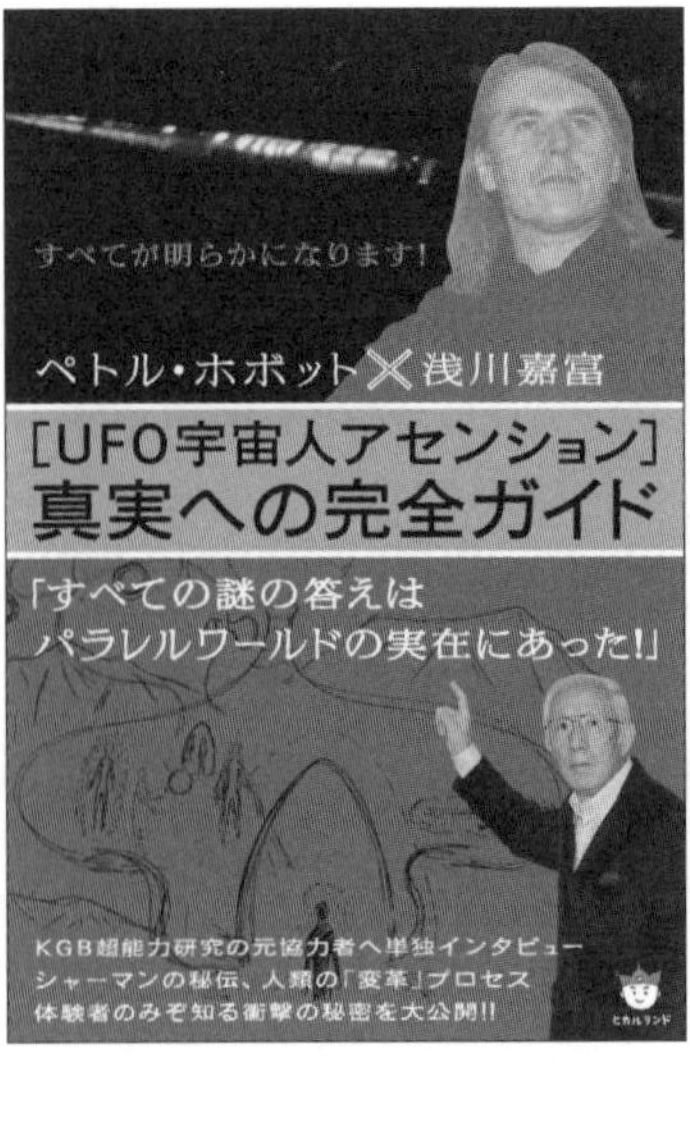

カブレラ・ストーンが発するエネルギーを使って浅川氏をヒーリングするホボット氏

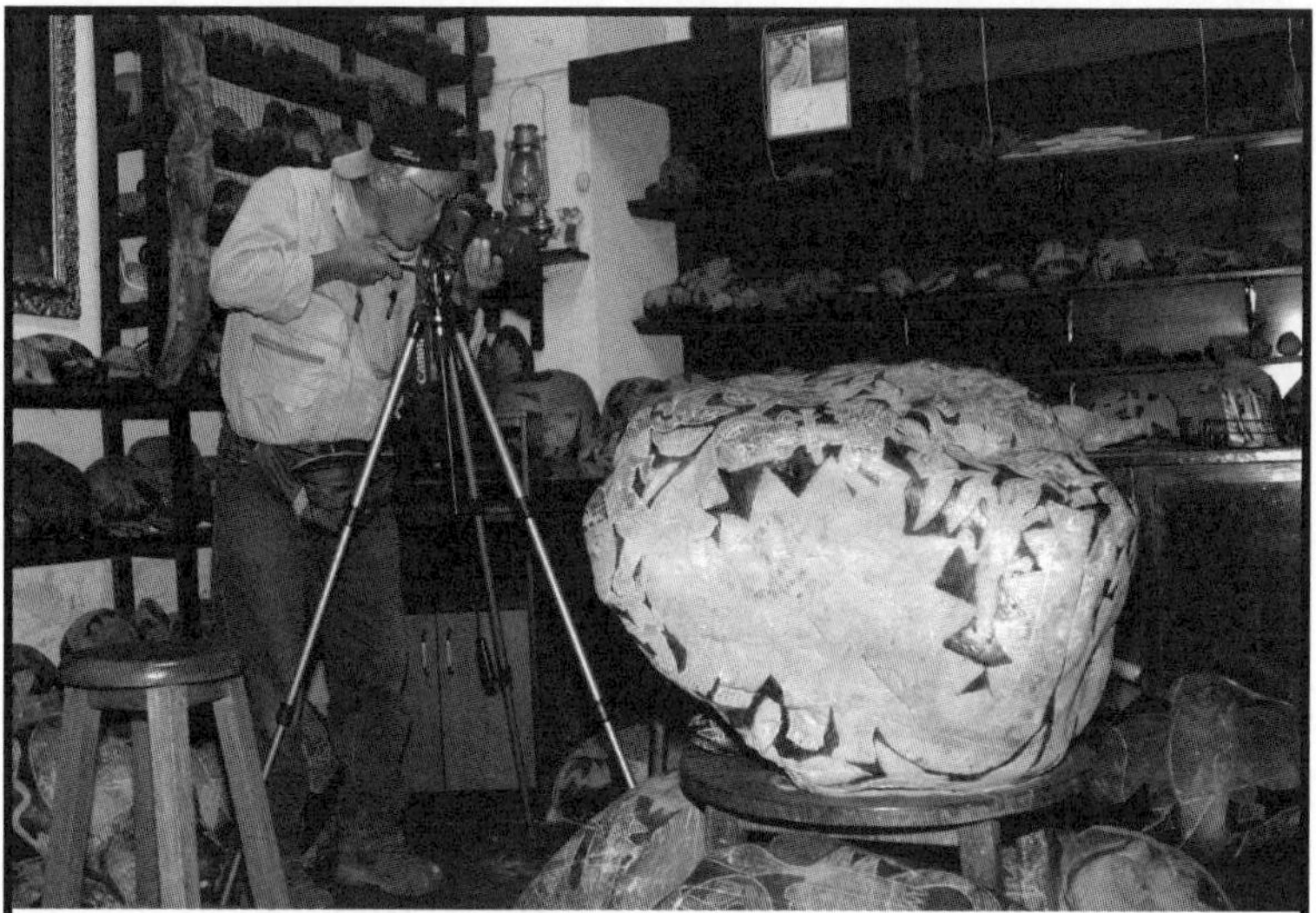

カブレラ・ストーンを撮影する浅川嘉富氏。浅川氏が撮影した50枚を超す写真は他に類がないほど鮮明である。部屋を暗くしスローシャッターで撮影しているので、「てかり」がないことも特徴である

チャーターしたヘリコプターからロープ一本に身を託し、上空数百メートルからナスカの地上絵を撮影する浅川嘉富氏

白人はまず命と言葉を奪った！

浅川　私は、地球は現状を維持したままリセットするのは無理だと思っています。人間はあらゆる面でひどいことをしてきていますから。

岡　日本ももちろんそうですね。

今は快適かもしれないけど、本来はこういう文明じゃなかった。日本好きというのもあるんですけど、学校とか生活様式は別にいいんですけど、考え方がこんなに西洋的になっちゃったんだなと思いますね。

浅川　だんだんそういうふうに慣らされてきちゃったんだね。

ペルーのインカ人、グアテマラのマヤ人、そういう人たちに会うと、自分たちの文明は西洋人たちによって滅ぼされ、言葉までなくされてしまった、この恨みは生涯消えることはないと言っています。

そういうのはテレビや新聞では出ないからね。

それをやってきたのがアメリカ、イギリス、それと、もうひとつはスペインなんです。

岡　南米はあれだけ広いのに、マヤ語をしゃべる人は、ちょっとは残っているけど基本的には少なくなっており民族の言語を変えてしまうなんてすごいなと思いますね。

浅川　それは決してしてはならないことなんです。

最初にアメリカに行ったコロンブスの像が今、破壊され出していますよね。彼は先住民虐殺のきっかけをつくった男だということになりますから。とても銅像を掲げて手を合わせるような人物じゃないんですよ。ここへ来て一気にそういう人間の「素の心」の部分が出てきている。今までじゃ考えられないようなことが次から次へとあらわになってきている。

岡　リセットなり何なりということになるしかないのかな。

浅川　そうですね。ここまで来たら、きれいごとじゃ済まないでしょうね。

岡　僕も、どっちかというときれいごとを言う人間じゃない。

先生の前だから気を使っているんですよ（笑）。

検閲？　アルゴリズム？　インターネットも危うい世界だ！

岡　ブログなんかも、グーグルとかすごいです。

私のコロナ関係の検索順位がどんどん落とされて、簡単に出てこないんですよ。こうやってできるんだなと思って。

浅川　やられちゃうんですか。

岡　それはアルゴリズムの規則なんですね。

別に陰謀論とかじゃないんですけど、そういう人がいっぱいいるんだろうなと思って。

僕の場合、検索じゃなくて、見に来てくれる人がいるので、別にそれほどでもないんですけど。

3月だか4月だか、アルゴリズムの変更がありますと言われて、こんなに落ちた。新規の検索がゼロに近くなって、これはすごいなと思って。

考えたら、インターネットというのは今ブームだから。

――でも、検閲があるというのは間違いのない証拠でしょう。

岡　検閲というか、アルゴリズムの方法によってはそうなるんですね。

――それはもちろん意図的にやっているわけですからね。

岡　新型コロナウイルスが人為的だと最初に書き始めた後ぐらいですね。

もともとは僕の情報じゃなくて、実は最初はインドの人だったんです。

インドの地政学系のウェブサイトが最初に、新型コロナウイルスと武漢ウイルス研究所の関係を証拠を添えて記事にしたんです。それをアメリカの右翼系金融ブログのゼロヘッジが取り上げてから、このウイルスが人為的であるという話がインターネット上で拡大した。

だから、武漢ウイルス研究所から出たんじゃないかというのは2月ですね。それを読むと、どう考えても科学的にはそれほどオカルトじゃないので、そうやって調子に乗っているうちにそんな形になってしまった。

今でも新型コロナウイルスは人為的だと思っているんです。

ただ、アメリカのフォート・デトリック医学研究施設というところがあって、アメリカも怪しいんですよ。

だから、ちょっとわからなくなっちゃった。

浅川　確かにそうだね。

岡　みんな怪しい。どっちが主流なのかわからないですね。アメリカと中国だって、政府じゃなくて、全然関係ない誰かが手を組んでいる可能性がありますからね。政府は意外に無能です。

浅川　トランプ大統領を見ればわかるじゃない（笑）。お前は余計な口をきくな。手だけ振っていればいいんだよ（笑）。

岡　いろんな人がいろんなことを牛耳っているのかもしれない。

頭のいい人は狡猾《こうかつ》だから、出てこない。

実際そういう角度から見てみると、いろいろ進んでいるんだなと思いますね。

浅川嘉富氏コラムより転載❶（2020年5月27日掲載）

天罰を受けることになるか中国
その時、習近平政権と共産主義は消滅する

中国共産党の結党100周年を迎える来年（2021年）に向け、これまで習近平政権は経済規模を10年前の2倍にすることを目指してやってきた。それには、今年の経済成長率を6・5％以上にする必要があり、3月に開催される全人代（全国人民代表会議）でその目標を掲げる予定であった。

そこに待ち構えていたのが新型コロナウイルスの発生である。その結果、3月の開催そのものが叶わず、2カ月半の延期を経て、先日（5月22日）にようやく開催することができたというわけである。

開催日がずれることなどかってなかった上に、会議の冒頭に行われた注目の李克強首相

今年の経済成長率の数値を発表することが出来なかった全人代。一方、香港の「一国二制度」を崩壊させせることになる「国家安全法」は採択され、習近平政権はまた新たな罪障を背負うことになりそうだ

の政府活動報告では、6・5%の数値どころか、目標成長率の数値そのものを発表することすらできなかったのである。

毛沢東を上回る権力を得て、国民から崇め奉られることを目指してきた習近平主席にとって、今回の事態は大きな痛手であったことは間違いない。経済が低迷する世界各国に向けて高い成長率を示すことは、習近平政権が最も自慢とする点であったからである。

まさに、習近平にとって悪夢となった今回のコロナウイルス騒動。なぜそれが、今このタイミングで起きたのだろうか。偶然ということはあり得ない事態だけに、その要因を考えていた時に心をよぎったのは、コロナウイ

習近平主席は新たな悪政によって、更なる天罰を受けることになるのだろうか

ルスは天が下した天罰だったからではないか、ということであった。

儒教では古くから、「天変地異などの天罰は、決して偶然発生するものではなく、ことごとく国政の失墜によって生じる」ものとされており、その発生の要因は「時の為政者による悪政」によるものだ、という思想が伝えられている。

ということは、今回のコロナウイルス騒動は、近年の共産主義政権の為してきた「悪しき所業」に対するものということになってくる。その第一の所業は、ダライ・ラマ法王をインドに追いやり、残った僧侶を皆生き埋めにして糞尿をかけて殺し、更には仏教崇拝を禁じて、聖なる仏教国チベットを共産主義国家と化してしまったことである。

また、新疆ウイグル自治区で平和に暮らしていた100万人を超す多くのウイグル人を共産党の「再教育」と称して、巨大な施設に強制収容し、ウイグル民族の伝統的な文化を抹消するために洗脳して来たことも、悪しき所業の一つである。

この強制収容所については欧米諸国から強い非難の声が上がっていたが、習近平政府は、そうした非難に対して、施設は数千人を収容する程度の規模で、目的は中国の伝統的な文化を教えるためであると主張。しかし、実体はまったく違っており、収容人数は2桁、3桁違いの数で、そこで行われているのは肉体的、精神的な厳しい洗脳行為であった。そして、それは今もなお、続いているのである。

こうした一連の行為は決して許されることではなく、伝統ある文化を消滅させ、多くの人々から自由を奪って共産主義思想を押し付けようとしているだけに、いつまでも天が許しておくはずがない。アメリカ大陸の先住民を殺傷し、その文化を滅ぼしてきた米国やスペインが今回、大変なコロナ禍に見舞われている現状を見たら、お分かりになるはずだ。

そうした天に背いた大きな罪障を考えれば、刻々と地球再生の時が迫って来ている今、古くから儒教が伝えて来たように、いつ天からの「天罰」が下ってもおかしくない状況にあるのだ。その「天罰」として今、習近平政権が一番恐れているのが、バッタの大群による飢饉《ききん》の発生である。

中国では古くからバッタによる災害、つまり「蝗害《こうがい》」は「水害」と「干ばつ」と並ぶ三大災害とされており、蝗害による餓死者は、943年には数十万人、946年には100万人に達している。また、古代王朝・殷の時代にはトノサマバッタが北方の寒地である北京にまで押し寄せた記録も残されているのだ。

同じバッタでも、これから中国を襲うことになるかもしれないバッタは、アジアに生息しているトノサマバッタとは種類が違うサバクトビバッタである。

そのバッタの大群が2年ほど前にアラビア半島を襲ったサイクロンで異常発生して、農作物を食い荒らす「蝗害」をエチオピアやケニアにもたらしたことや、その後、今年初め

ケニア北部を飛ぶサバクトビバッタの大群。インドやパキスタンでもこうした光景が発生し農作物に甚大な被害を与えているようだ。もしも、こうした光景が中国で発生した時は、天罰の到来となりそうである。
(PHOTOGRAPH BY DAVID CHANCELLOR, NATIONAL GEOGRAPHIC)

にその第2波が発生し、既に東南アジア各地に移動して来ていることは「アフリカで大量のバッタ発生」や「中国、バッタ襲来のリスク高まる」でお伝えした通りである。

今始まっている第2波は国連によると、2月の大発生の20倍の規模に達しているようなので、襲われた国の被害は甚大となりそうである。また、国連食糧農業機関（FAO）はエチオピア、ケニア、ソマリア、ジブチ、エリトリアの約1300万人がすでに「深刻な食料不安」に陥っていることを伝えている。

中国の国家林業草原局当局はその第2波が5月の終わり頃から6月、7月の農作物の成長期にかけて、中国を襲ってくる可能性があるとして警戒しており、それを防ぐために実施しているのが、隣国パキスタンへの殺虫剤や噴霧器の支援である。

35万リットルの殺虫剤と65基の噴霧器という支援の大きさを見れば、習近平政権がバッタの飛来をなんとしてもパキスタンで食い止めようとしていることが、目に見えてくるようである。彼らはそれだけ「蝗害」を心底恐れているのだ。

何しろ今発生しているバッタの一つの群れは、神奈川県と同じ面積を占めるほどの大きさで、350万人が1日に食べる量に相当する食物を、食い荒らす能力があると言われている。もしも、そうした群れが数多く襲うことになった時には、甚大な被害が発生することは間違いない。

専門家は、もしもそんなバッタの大群が中国を襲った時には、おりしも、作付から成長にかけての時期に当たるため、中国の穀物生産量に甚大な被害を発生させ、その被害は生産量の20％を大きく上回ることになりそうだ、と警告している。実は中国政府はそうした事態を見通して、既に、米や小麦、トウモロコシ、大豆、イモ類などの穀物の海外からの調達を始めているようである。

追記

8月31日付の「In Deep」の記事によると、雲南省のイナゴの被害が11の群に拡大し、農作物が危機的な状況に陥っているようである。

しかし、輸入によって14億の国民に十分な食料を提供できるかとなると、難しいそうである。コロナウイルス騒動でこれまで輸出国であった国々の農業がストップしているため、十分な量を輸出できない状態にあるからだ。もしも、十分な穀物を確保できない状況下で記録的な「蝗害《こうがい》」が発生したとしたらどうなるか。それは、「食糧危機」の発生であり、「食糧価格」の高騰である。

そうした艱難《かんなん》に耐えられるのは、一部の富裕者層に限られることは間違いない。一方、コロナウイルス感染で働き口が無くなり、厳しい経済状態に陥っている貧困層の人々にと

エチオピア、ケニア、ソマリア、ジブチなどの約1300万人を「深刻な食料不安」に陥れている「サバクトビバッタ」。それらが中国を襲う可能性が高まってきているのだ。(LUKE DRAY／GETTY IMAGES)

って、食糧価格の高騰は「生きるか死ぬか」の問題となってくる。その結果、発生するのは「大規模な暴動」である。それはコロナウイルスを上回る「第二の天罰」の到来を意味している。

そして、この暴動は天安門事件を上回る規模となる可能性が大きく、もしも、こうしたバッタの発生による「蝗害」が、儒教が説くように中国の為政者が行ってきた行為に対する天罰として起こされたものだとすると、為政者を待ち受けている未来は一つしかない。

それは政権を追われ「あの世」に旅立つことである。「あの世」と言っても尋

オーストラリアABCニュースは、インドの北部地方がバッタの襲来で甚大な被害に見舞われていることを伝えていた

常な世界ではない。それは地獄が天国に見えるあの「恐ろしい世界」である。そこで、何百万人、何千万人の人々が味わった苦しみを体験し、その先に待っているのは「魂の抹消」である。

今回この記事を掲載しようと原稿書きを進めていたこの日、偶然にも、オーストラリアABCテレビが、インド北部がバッタの襲来で、過去25年で最悪の被害に見舞われている状況を伝えていた。同じ事態が中国に及ばないという保証はないのだ。

中国への侵入コースとして懸念されているのは3つのコース。1つ目はインドやパキスタンを経由しチベットに進入するルート、2つ目はミャンマーから雲南省へのルート、3つ目はカザフスタンから新疆ウイグル自治区に入るルートである。

3つのルートの内2つのルートに、「チベット」と「ウイグル自治区」が入っているのには、何か意味がありそうである。いずれにしろ、もしも、今年は難を逃れたとしても、来年はさらに規模を増した「蝗害」に見舞われる可能性は大きそうである。

それともう一つ中国崩壊の要因となるのは、「大干ばつ」と「大洪水」である。既に大干ばつは2年ほど前から発生しており、多くの農家の人々が被害を受け、農業から撤退しているようである。今年から来年にかけて発生が危惧されているのが、大雨による「大洪水」である。

既に5月末の現段階で、世界で最大規模の川・長江流域では各地で洪水や小規模のダムの決壊が起き始めているようである。これから先夏場にかけては、こうした被害がさらに拡大する可能性は大きく、最悪の場合には長江上流の武漢の近くにある「三峡ダム」の崩壊もあるかもしれない。

三峡ダムの建設に関しては、収賄に関する様々な悪しき噂が流されてきているだけに、ダムは崩壊の運命を持っているのかもしれない。もしも、三峡ダムが崩壊するようなことになった時には、中国におけるコメの70％ほどが6000キロメートルを超える長江流域で生産されているだけに、その被害は想像を絶するものとなりそうである。

いずれにしろ、習近平さん、昨今の自然災害や「蝗害」の様子を見ていると、日本海や南シナ海に空母など送り出して軍事力の強化などに力を注いでいる時ではなさそうですよ。分かりますか!!

浅川嘉富氏コラムより転載❷（2020年5月30日掲載）

米国にも降りかかる最後の天罰

前回、「天罰を受けることになるか中国」で遠からずして中国では、サバクトビバッタの襲来や「大干ばつ」や「大洪水」による「食糧危機」によって、貧困層による「大規模な暴動」が発生し、共産党政権が崩壊、習近平主席はあの世に旅立つことになるかもしれない、という天罰の発生について記した。

今回は、覇権国家・米国が今回のコロナウイルス騒動をきっかけに発生する貧困層による「大規模な暴動」と中国同様の「自然災害」によって、滅亡へと向かう可能性について記すことにした。

この2つの天罰は、時の流れからしてそう遠い先のことではなさそうであるので、読者におかれては、世界情勢、中でも米国と中国に関する情報はしっかり見ておいて頂きた

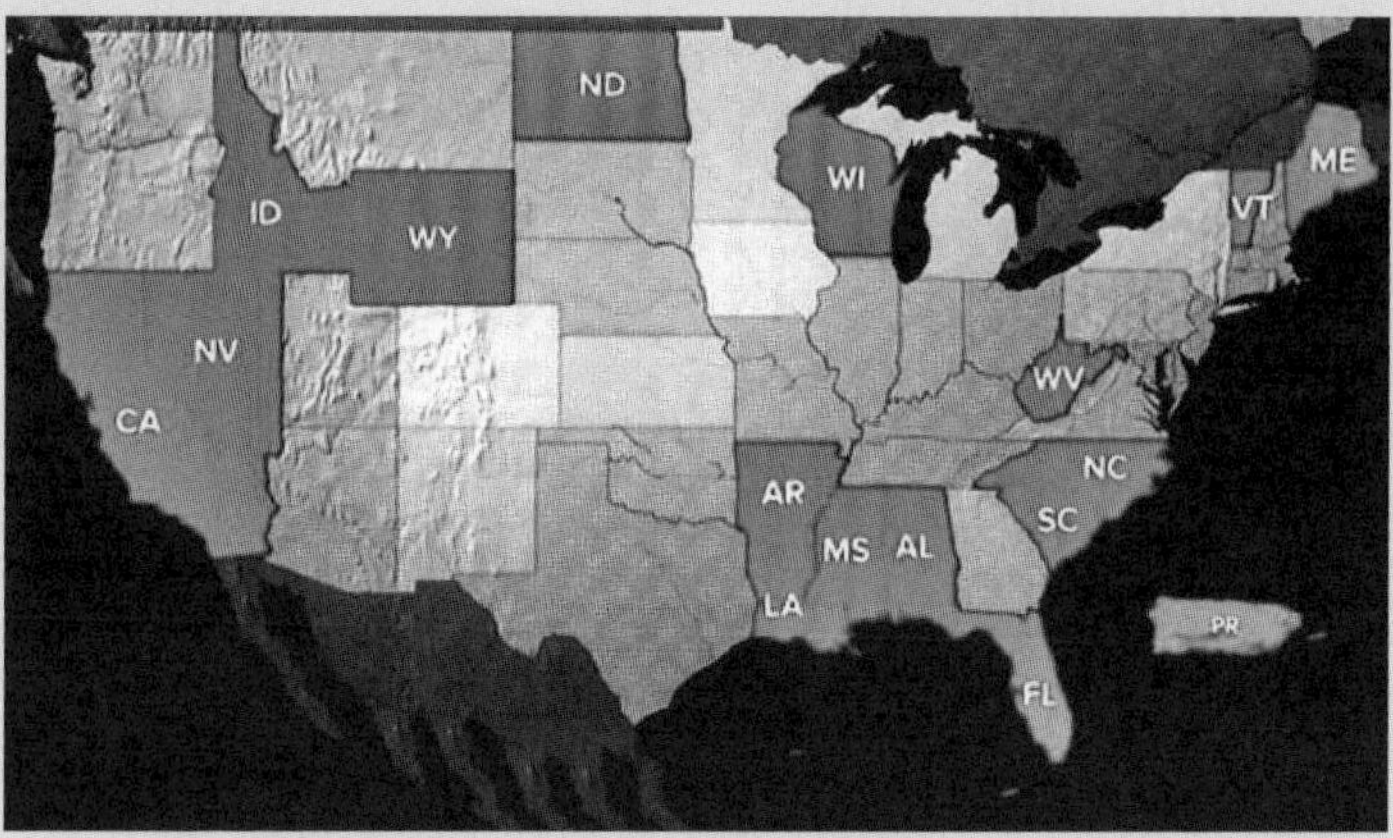

米国では今もなお、17の州では感染者が増加し続けている

墓地の外では、亡くなった人々を追悼するメッセージが張られており、その数は死者数の多さを伝えている

い。

米国の艱難、失業者４０００万人増

５月末時点で感染者数が１８０万人、死者数が10万人を超えた米国。人口が３億３００万と日本の１億２６００万人に比べて２・６倍に達しているとはいえ、感染者数は日本の１万６７００人の約１００倍、死者数は８７０人の１１０倍という数値はあまりに多過ぎる。

その要因はコロナの拡大初期におけるトランプ大統領の判断に甘さがあり、本格的な予防対策を取るのが大幅に遅れたことであった。その結果、カリフォルニア州やニューヨーク州では驚くほどの悲惨な状況と化してしまっており、今もなお後を追う州が続出している。

数日前から、ほとんどの州でパンデミックは過ぎたとして外出禁止令は解除されているものの、30％を超す17の州では今も感染者は増加し続けており、まだ、ひと山超えたとは、

配給される食糧を求める車の列が1.6キロ以上続いていことを伝える ABC の記者

長い間住んでいた家を追い出され、荷物を運び出す女性

とても言えない状況にある。

こうした状況下、最大の問題は店舗や工場の休業により発生している失業者の増加である。3月13日に対応の遅れに気づいたトランプ政権が、国家非常事態を宣言した以後の10週間で、職を失った失業者の数は4000万人。米国の就業者数は約1億5600万人であるから、新たに失業率は約26％の増加となり、2月末までの失業率を加えると30％近くに達しているようである。

この驚異的な失業率はパンデミックが終わったからといって、すぐに回復する程甘くはない。恐らくこれから先、年末にかけ10〜15％程度の失業状態が続くことになりそうである。更に強い第2波、第3波が発生したら、現状以上に失業者が増すことになるかもしれない。大企業の倒産が発生する可能性もあり得るからである。いずれにしろ、こうした数値は米国建国以来かって経験したことのない、前代未聞の数値である。

問題は失業率の高さだけではないのだ。失業者の多くが、ヒスパニック系と黒人が占めることになりそうだという点である。というのは、休業が多く出そうな業種が接客業やレジャー産業、運送業といった分野だといわれているが、接客業やレジャー産業においては、ヒスパニック系の雇用が多く、運送業では黒人労働者の割合が大きいからである。

いずれにしろ、白人やアジア系の失職者を含めた貯えのない失業者たちが、これから先、どうやって生きて行くかという点である。彼らの多くが職を失ったら住む家も持てず、食にもありつけない状況となるからだ。現に、ABCニュースは、ロスアンジェルスでは、市当局から配給される食糧を求める車の列が1・6キロ以上続いていると伝えており、その台数は500台を超えていたようである。

失うのは「仕事」と「食糧」だけではない。既に、「住まい」を失う人々も出てきているのだ。同じABCニュースで、強制立ち退きで12年間住んでいた家を追い出され、荷物を運び出している女性が、「住むところが無くなりました。私たちの人生はもう終わりです」と語っていたのが、印象的であった。恐らく彼女は路上生活者の仲間入りとなるに違いないが、飼っていたワンちゃんにはエサは与えられるのだろうか、心配である。

こうした悲劇は、まだまだ始まったばかりである。これから先、職を失い、日々の生活

ミネソタ州で起きた白人警察官による黒人男性の殺人行為に対して抗議するデモが発生し、非常事態宣言が発令される事態となっている

費を得ることのできなくなった人々の悲惨な姿が路上にあふれる姿が、テレビで伝えられることは必至である。そして、その先に待ち構えているのが、食うことすらできなくなった人々による、略奪や暴動の多発である。

「貧者と富める者との戦い」が始まった

やがてそれは、私がかねてから伝えてきた「貧者と富める者との戦い」となるに違いない。「ホピの予言」は、大規模な争いの端緒となるのは、病的世界にいら立った民衆の蜂起と、虐《しいた》げられたマイノリティー、すなわち持たざる者、貧困にあえぐ弱者の報復であるとして次のように伝えている。

「高い地位の猟師と低い地位の猟師との間に狩り合いが始まるだろう。高い地位にいる者たちは、暴動やテロリズムを通して獣のように狩られるであろう。指導者たちも報復し、狩りあい合戦が始まるのだ」

こうして、長い間、世界の覇権国家として君臨してきた米国は、基軸通貨・ドルの暴落と共に凋落《ちょうらく》の一途をたどり、悲惨な末路を迎えることになるのではなかろうか。それは、米国という国が長年にわたって積んで来た巨大なカルマの刈り取りである。

こうした流れについては、2009年に出版した『2012年アセンション最後の真実』(学研出版)で伝えて来ていることである。あれから11年して今、いよいよそれが現実となる時が来たというわけである。読者は忘れているかもしれないが、同書には、新型ヒト・インフルエンザが人類の大量死を招くことになることも記してある。

中国の共産党政権が崩壊し、習近平主席が地獄界に旅立つことになるのは、中国が行ってきたチベットやウイグル族に対する悪行などの、カルマの刈り取りによるものであるこ

デモ隊の一部が暴徒化して、警察署など30カ所を放火

とは、前回記した通りである。

一方、米国を崩壊にもたらすことになるカルマの発生要因は、第二次世界大戦の末期、神国・日本に2発の原爆を投下し罪なき市民30万人余を殺害した行為であり、その後、75年間に渡って為してきたベトナム戦争を始めとするアフガン、イラク戦争など数多くの戦争により、何百万、何千万の人々を不幸のドン底に陥れた行為である。そしてそのカルマの刈り取りのために、間もなく発せられようとしているのが、天からの「天罰」なのである。

今、天空に宇宙船の満つる日が近づいて来ているだけに、その天罰の下る時はそんなに先のことではないはずだ。他国とは桁違いの人々がコロナで苦しむ姿や、白人と黒人の争い、また悲惨な自然災害の現状を見ていると、それは間違いなさそうである。こうして、人も国もみなこの世で撒いたカルマを刈り取って、次なる世界に向かうことになるのだ。

これが宇宙に存在している「因果応報」の仕組みなのである。こうして覇権国家・米国とその後を狙う中国は戦わずして消えていくのである。それでは3強の内の一つであるロシアはどうなるのか？　かの国は中国や米国よりは長く存在し、とは言ってもわずかな差であるが、イスラエルを攻めることになるようである。そして、エルサレムの地に立った時に、最後の時を迎えることになるのである。

一方、かっての覇権国家だったイギリスの行く末は？　この国も覇権国家として世界を飛び回っていた時代に積んだカルマは決して小さくはないはずだ。だからこそEU（欧州連合）の指導国とならねばならないのに、離脱して今、厳しい経済状況下におかれているのである。

また今回のコロナウイルスに関しても、今もなおヨーロッパ諸国の中では唯一2000

「イギリスの死亡者数は欧州で最悪」と伝えるロンドンの電光掲示板
（THE WALL STREET JOURNAL）

人を超す感染者を出し続けており、その数は27万人超。間もなくスペインを抜いてヨーロッパ最大の感染国となりそうである。また、死者の数では既に3万8000人を超しており、その数は米国に次ぐ2番手となっている。

人口が日本の半分しかない6800万人の国でありながら、米国の3分の1の死者数というのは異常であり、天罰が下されていると考えざるを得なくなってくる。

追記

9月1日の段階では、発生者は33万7000人ほど。死者の数は4万1500人ほどで、米国、ブラジル、インドに次いで4番目となっており、今もなおヨーロッパでは最大規模である。

新型コロナウイルスに「HIV（エイズウイルス）」のタンパク質が挿入されていることをインド工科大学の科学者たちが発見。さらに「感染しても免疫を獲得できないと示唆」を中国当局が示し、事態は新たな局面に

In Deep　2020年2月1日

状況の複雑化

新型コロナウイルスのことを初めて記事で取りあげたのは、10日ほど前の1月21日のことでした。

その際の公式発表による全世界の感染確認者数は222人でした。本日2月1日の時点での感染確認者数が約1万2000人ですので、10日で50倍以上患者が増えたということになります。

この感染力を見ていますと、感染力を示す「基本再生産数（R0／アールノート）」が3・6－4・0（最大で1人が4人に感染させる）という数そのものが小さく感じてきますが、米ジョンズ・ホプキンス大学のデータでは、患者数が1万を超えている一方で、「退院した人たち」、つまり感染した人たちのうちで、完全に治癒した人の数について、2月1日の時点で「252人」としています。

この疾患の感染拡大の日から考えますと、回復するにしても、それまでには相当の日数がかかる感染症なのかもしれません。

そして本日、やや気になる報道を見かけました。それは、中国の国家衛生健康委員会の記者会見で医師が述べた言葉で、「感染しても抗体ができないかもしれない」ことを示唆するものです。

新型肺炎、治癒後も再感染リスク　中国専門家
時事通信　2020年1月31日

中国国家衛生健康委員会が31日開いた記者会見で、中日友好医院の※慶元（※簭の竹カンムリなし）医師は新型コロナウイルスによる肺炎に関し「感染後にできる抗体には長期間持続しないものもある。一度感染し治癒した患者にも再感染のリスクがある」と述べ、警戒を呼び掛けた。

この報道の重要な部分は、これが単なる一人の医師の考えによる発言ということではなく、この場は、中国国家衛生健康委員会という「中国当局の公式な会見の場」であるということです。公式の場で、「一度感染し治癒した患者にも再感染のリスクがある」と述べているのです。

これを読みまして「そんな感染症があるかよ」と思わざるを得ないのですが、一般的にどんな感染症でも「一度感染した後は、変異していないのなら、そのウイルスにはその後は感染しない」です。

病原菌への抗体は、簡単にいえば、以下のようなメカニズムで作られます。日本ウイルス学会のウェブサイトからの抜粋です。

ウイルスなどが感染すると、宿主の血液にはウイルスを不活性化するような物質、抗体が作られる。抗体を作るのはB細胞である。抗体は、ウイルスの中和をし、病原体をやっつける。これは、いわゆる液性免疫と云われるものである。

(抗原特異的免疫機構)

どのようなウイルスに感染しても、そのときには、細胞内でウイルスに対しての抗体が作られるので「次からは感染しない」のです。この免疫システムがあるからこそ、人間は歴史上の数多くの病原菌やウイルスの厄災の中で生き残ってきたのです。

風邪や季節性インフルエンザのように、毎年変化するものや、いろいろな種類のあるものは、「風邪」とか「インフルエンザ」という括りでは何度もかかるものですが、それらにしても、同じウイルスであれば基本的には二度はかかりません。

しかし、中国の保健当局の発表では、新型コロナウイルスは、「二度感染する可能性がある」というのです。そんなことがあり得るのか……という中で、あり得るとしたら、やはり、日本ウイルス学会のウェブサイトからの抜粋ですが、以下のようなものは、「ヒトの免疫を不全にする」作用を持ちます。

> 宿主は菌に対して防御機構を持っている。菌は防御機構を乗り越え次のステップに進もうとする。宿主の防御機構がそれぞれのステップで菌に打ち勝てなかった場合にのみ宿主は発病する。
>
> ＨＩＶ（エイズウイルス）に感染すると、体の免疫機構が崩壊する。すると、免疫状態が正常な人では発病に至らないような細菌やウイルスの感染でも発病に

至る。

なお、HIVは、正式には「ヒト免疫不全ウイルス」ですが、エイズウイルスとしたほうが通りやすいですので、ここでは、その表記にしています。HIVは免疫細胞に感染して、免疫細胞を破壊することにより、健康な人だと感染や発症はしないような病原菌での症状を起こしてしまうものです。

そういうことを前提として、今回ご紹介しますのは、インド工科大学の科学者たちによる新型コロナウイルスの解析の中で、「新型コロナウイルスには4つの他のウイルスのタンパク質が挿入されている」ことがわかったという論文で、科学誌 BioRxiv（バイオアーカイヴ）に掲載されていました。

そして、挿入されているその4種類のタンパク質すべてが、「エイズウイルスのタンパク質と同じ」だということが記されているのです。

解析した新型コロナウイルスは、実際の患者たちから得られたもので、今の現時点で感染拡大しているものと同じものです。

論文のタイトルは、「新型コロナウイルス2019-nCoVのタンパク質の中に挿入

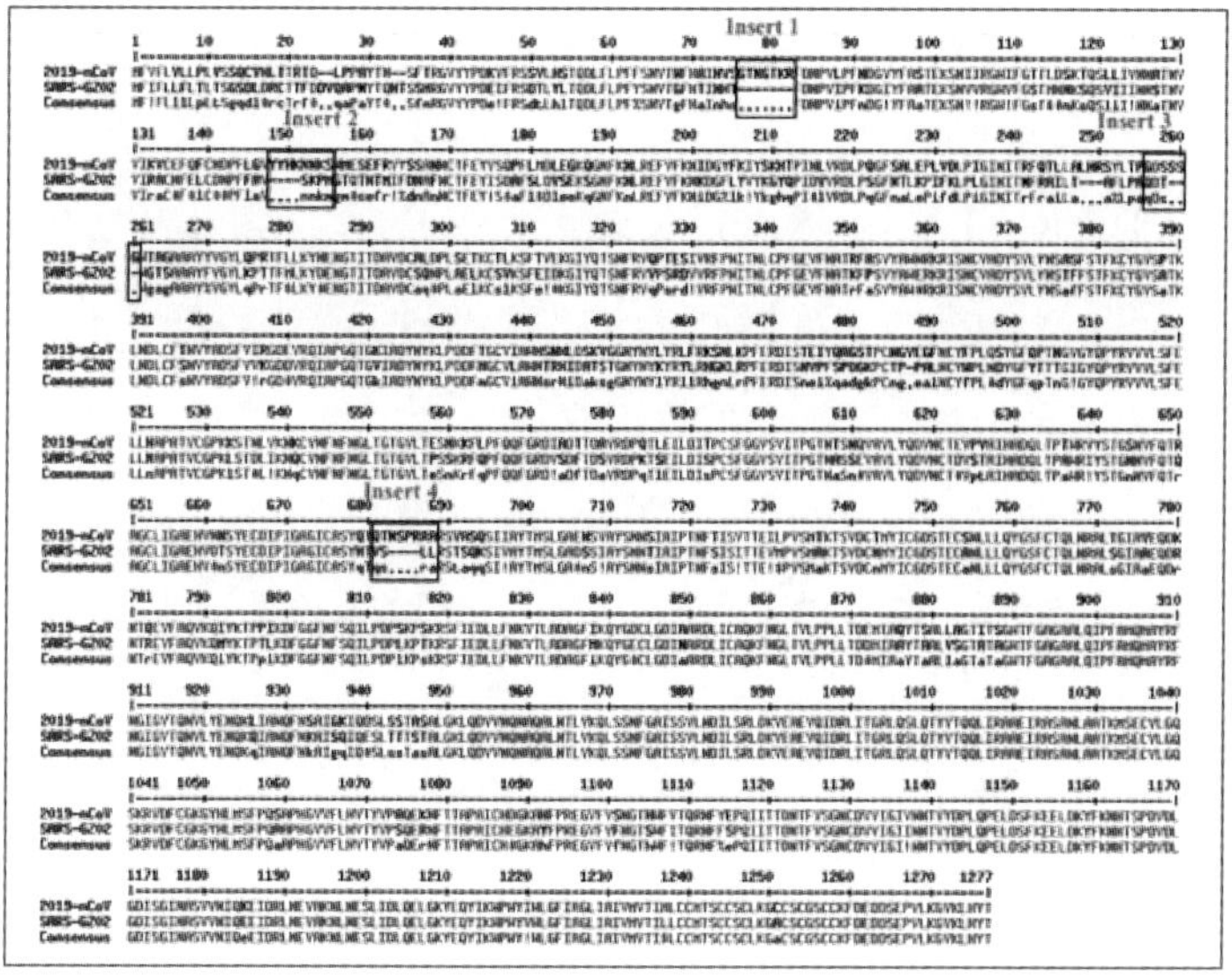

新型コロナウイルス解析図。黒い四角で囲まれた４カ所が挿入されているタンパク質

されているヒト免疫不全ウイルスHIV－1のタンパク質との不可思議な類似性」というもので、内容の具体的なところは難解で、私が説明できるものではないですが、以下に全文ありますので、ご興味のある方はどうぞ。

Uncanny similarity of unique inserts in the 2019-nCoV spike protein to HIV-1 gp120 and Gag
https://www.biorxiv.org/content/10.1101/2020.01.30.927871v1.full.pdf

そして、新型ウイルスから見つかった、このタンパク質（正式にはスパイクタンパク質と呼ばれるものです）は、

「同じコロナウイルスであるSARSやMERSには含まれない」ものだというのですね。

論文には、以下のように書かれています。一般的ではない生物学の専門用語は言葉を置き換えています。また、新型コロナウイルスは、正式には「2019－nCoV」という名称ですが、ここでは「新型コロナウイルス」としています。

インド工科大学の論文より

新型コロナウイルスのタンパク質は、SARSと最も近い祖先を共有しているため、その2つのウイルスのタンパク質をコードする配列を比較した。そうしたところ、新型コロナウイルスから、SARSウイルスにはない、以下の4種類のタンパク質の挿入が見つかった。

「GTNGTKR」（挿入1）
「HKNNKS」（挿入2）
「GDSSSG」（挿入3）
「QTNSPRRA」（挿入4）

驚いたことに、挿入しているこれらの配列はＳＡＲＳウイルスのタンパク質に存在しなかっただけではなく、コロナウイルスの他の種にも見られないものだった。

ウイルスがこのような独自な挿入を短時間で自然に獲得することはほとんどあり得ないため、これは驚くべきことだった。

この4種のタンパク質の挿入は、最近の臨床患者の分離株から入手可能な新型コロナウイルスのすべてのゲノム配列に存在することが観察された。

これらの挿入源を知るために、さらに解析を進めると、予想外に、すべての挿入がヒト免疫不全ウイルス－１（ＨＩＶ－１）と一致した。

ここから先は専門用語の嵐で翻訳しきれないですが、ここまでのところで、内容的にはおわかりではないでしょうか。

この新型ウイルスには「エイズウイルス」の性質が含まれているのです。それが挿入されたルートが、自然界でのものなのか、そうではないのかなどについては論文では触れられていませんが、科学論文には珍しい「驚きの」とか「予想外の」という表現が見られます。

BioRxivは「プレプリント」と呼ばれる公開の場で、プレプリントとは、学術雑誌に論文として掲載されることを目的に書かれ、完成している原稿を、査読前にインターネット上のサーバーで公開し、科学者たちと共有する場です。

投稿された段階で、世界中の科学者たちはその論文に対して自由な意見を述べることができます。今回のこの論文にも、多くの科学者たちからさまざまな意見が出ています。こちらの下段に意見の投稿欄があります。

そして、現在、多くの科学者たちが、論文を読んで、その4つのタンパク質の挿入を確認しつつも、「これは自然進化的に偶然そうなったものではないか」と述べています。いや、もう、そう述べるしかないのですよ。

何しろ、「自然進化的に偶然そうなったもの」でない場合、これは、人為的に操作されたことによるものということになってしまう。そんなことを口に出せば、この世の陰謀論者と変わらない扱いになってしまうので、「自然進化的に偶然そうなった」ということで決着したい。

しかし、どうでしょうか。先ほどのインドの科学者たちの論文にも、「ウイルスがこのような独自な挿入を短時間で自然に獲得することはほとんどあり得ない」とありますが、他の同種類のコロナウイルスにまったく含まれないタンパク質が、自然進化の中で自然に獲得されるものなのかどうか。みなさんはどう思われますか。

先日の記事で、武漢のウイルス研究などのことに触れ、人為的な操作の可能性もないではないというようなことを記させていただきました。そのような中で、今回ご紹介している2つの件が出てきてしまったのです。

すなわち、「新型ウイルスは一度感染しても再び感染する可能性があると中国当局が発表」

「新型ウイルスにはエイズウイルスのタンパク質が挿入されている」という2点です。

私は昨日くらいまでは、「感染は免れない」というように考えていまして、しかし、「感染すれば抗体を獲得できるのだから」と楽観的に考えていたのですけれど、そうではない可能性があると知り、ちょっと状況が変わりましたね。

私は最近、ウイルスの勉強なんかもしていたのですけれど、武漢での研究にSTINGという、ウイルスからの免疫に関する重要なタンパク質に関する研究も含まれていたことを知り、新型コロナウイルスにおいての「感染と免疫のメカニズム」について不気味な感じは持っていました。

しかし、エイズウイルスの性質が含まれているとは……。自然進化にしても何にしても、これは少し厄介かもしれないですね。いろいろな意味で新しい局面に入ってきたかもしれません。

ただ、この論文はすでに世界中の科学者たちに共有されていますので、世界の誰かが何か有効な対策をこの解析から見出すことができる可能性も残されているとは思います。

米中ウイルス発生源戦争：中国国営放送の女性アンカーが「コロナウイルスはアメリカの研究所から流出した」と報道する中、ロシアの著名な微生物学者が「これは武漢の研究室で作られた」と発表

In Deep　２０２０年４月25日

加熱する論争

新型コロナウイルスの「発生源」に関しての報道が、さらに加熱しています。

最近、ＨＩＶ発見の功績で、ノーベル医学賞を受賞しているリュック・モンタニエ博士が、「新型コロナは人工ウイルス」だとする論文を発表したことをご紹介しました。

現在でもなお、「新型コロナウイルスが人工ウイルスだということは陰謀論」的な見方をする方々もいらっしゃいますが、政治学的にどうであれ、遺伝子解析では「人為的」以外の考え方はできないのです。科学はもうこのウイルスの正体を見破っています。

２月１日のブログで、「新型コロナウイルスの中にある不自然なＨＩＶの性質を持つタ

ンパク質の存在」を世界で初めて見出した、インド工科大学の科学者たちによる論文をご紹介しました。

このようなタンパク質の挿入は、SARSを含めた「他のすべてのコロナウイルスには一切見られない」もので、多くの科学者たちが、「このようなタンパク質の変異を、ウイルスが自力で自然の中で獲得することは不可能」だと考えています。

そりゃまあ、信じられないような奇跡のようなことが自然界でコロナウイルスの中に発生したというのなら、それでもいいのですが、科学はおとぎ話ではないです。

最も「合理的」に考えれば、「これは人によってなされた」と考えるのが妥当です。

科学というのは、「信じられないような奇跡に想いを馳せるもの」ではなく、最も合理的な道筋から妥当な帰結を考えていくものだと思うのですが、その場合、インド工科大学の科学者たちや、リュック・モンタニエ博士のように、「科学的に普通に考えれば、これは人が行なったこと」だとわかります。

確かにこの世に「奇跡」はあるのでしょうが、科学は、奇跡に思いを馳せる行為ではありませんし、私自身も奇跡という現象はあまり信じられません。ウイルスが自力でHIV要素を獲得するということは不可能だと思います。

そういう奇跡は自然に起こり得ません。

ですので、多くの科学者たちが、「人為的」ということに言及しているのだと思われます。

そのようなこともあり、新型コロナウイルスが、人為的なものであることには疑いの余地がありませんが、「何のために作られたものなのか」という疑問が生じてきます。

生物兵器としての利点をまったく持たないこのウイルスが生物兵器でないことは明白ですが、それだと、作成される理由が見当つかないのです。

リュック・モンタニエ博士は、それについて、「エイズワクチンの開発のためのものだろう」と推測していますが、最近も比較的同じようなことを述べたロシアの著名な微生物学者がいました。

世界的に著名な微生物学者であるピーター・チュマコフ博士という方が、「新型コロナウイルスは、その病原性を研究する目的で手が加えられた」とする可能性を発表したのです。

4月24日にさまざまな欧米のメディアがこれを報じていますが、その中のひとつをご紹介します。

チュマコフ博士も、インドの科学者や、リュック・モンタニエ博士同様、「新型コロナウイルスの中の不自然な挿入」に言及しています。

ロシアの微生物学者は、コロナウイルスは武漢の研究所で「おかしなことを行った結果だ」と主張している。

International Business Times　２０２０年４月24日

ノーベル賞を受賞したフランスのリュック・モンタニエ教授が最近、新型コロナウイルスが研究所内で作られたと主張し、これは、武漢ウイルス研究所から誤って流出したと述べたが、ロシアの著名な微生物学者もまた、新型コロナウイルスは、武漢の科学者たちが研究室で「非常におかしなこと」をした結果であると主張している。

著名なロシアの微生物学者ピーター・チュマコフ博士は、中国の科学者たちの目的は、ウイルスの病原性を研究することであると述べた。しかし、中国の科学者たちには、意図的に人工の生物兵器を作成する意図はなかったと述べている。

チュマコフ博士は、モスクワのエンゲルハート分子生物学研究所の主任研究員であり、また、免疫生物学的製剤の研究開発のためのロシア連邦研究センターにも所属している。

新型コロナウイルスの集団発生が最初に発生した中国では、武漢の研究所の科学者たちが10年以上にわたってさまざまなコロナウイルスの亜種の開発に積極的に関与していたとチュマコフ博士は語った。

博士は、これは、世界を破壊する可能性のある病原性多様体を作成することが目的ではなく、その病原性を研究する目的で行っただろうと述べている。

チュマコフ博士は以下のように言う。

「中国の科学者たちは、してはいけないおかしなことをしてしまっています。たとえば、ゲノムに（別のウイルスのタンパク質要素を）挿入することで、ウイルスの人間の細胞への感染能力を高めることになっています。今これらすべてが分析されていますが、新型コロナウイルスは人為的に作られた可能性が浮上しています」

ロシアの新聞で報道されたように、チュマコフ博士は、新型コロナウイルスに特別な性質を与えたゲノムの自然な配列の代用として、いくつかの不自然な「挿入」があると述べた。

中国の科学者たちは、ウイルスの変種を作成したが、彼らがウイルスを世界中に広めて何百万もの人々に感染させる悪意はなかっただろうとチュマコフ博士は述べている。

しかし、新型コロナウイルスの起源と、武漢ウイルス研究所で行われていた研究との間のリンクを確立する証拠自体は存在していない。


チュマコフ博士は、中国の研究者たちは、おそらく、さまざまなコロナウイルスの病原性を研究する中で、「ゲノムを改変して変種を作成していた」と推測しているようです。

それが意図的ではなく、おそらくは事故などで流出してしまったと。

このような「中国発のウイルス」であると主張する人たちがいる一方で、「新型コロナウイルスがアメリカ発である」という主張も根強く存在します。

先日、中国国営放送のアラビア語放送の女性アンカーが、「新型コロナウイルスは、アメリカによって中国に持ち込まれた」という説をテレビ放映で行いました。

このことも欧米の多くのメディアが取り上げていました。

おおむね、以下のような報道です。


中国国営テレビのプレゼンターは、新型コロナウイルスの発生源は、中国ではなく、アメリカから来たと主張している。

Ｍｓ・Ｖという名前のアンカーは、中国国営テレビの番組内でいくつかの陰謀論を挙げ、「新型コロナウイルスは海外から中国に入ったことは明らかです」と示した。

この女性はアラビア語圏放送のアンカーで、Ｃｏｖｉｄ－19がアメリカの実験室から流出したか、昨年10月に武漢で開催された「世界軍人運動会」の際に中国に持ち込まれた可能性があることを示唆した。なお、この理論は研究者たちによって否定されている。

普通は、このような中国の報道を見れば、どなたでも、「何を馬鹿なことを」と思われると思います。

私もそう考えていたのですが、ところが、このＭｓ・Ｖという名のちょっと可愛い女性アンカーの指摘ポイントは、「新型コロナウイルスの遺伝子の変異と分岐を根拠としている話」となっていて、一蹴できない問題を含んでいるのです。

新型コロナウイルスの亜種の系統は日々、科学者たちに追跡されています。3月終わりまでに5種の大きな株の系統を持つ新型コロナウイルスが存在していましたが、「その5種すべての株が存在しているのはアメリカだけ」なのです。

新型コロナウイルスの系統図を説明する中国国営放送の女性アンカーMs.V氏

カナダのグローバルリサーチなどを始めとしたメディアや調査機関は、このようなことを根拠に、新型コロナウイルス株が「アメリカが発生源である」という説も、あながち非科学的なものではないかもしれない、としています。

中国国営放送の女性アンカーは、そのことを的確に指摘しています。

実は、これに関しては、4月3日のメルマガに記したことがあるのです。

そのタイトルは、「新型コロナウイルスが米軍から武漢にもたらされた資料がさらに次々と」というストレートなものですが、内容が内容だけに、ブログに書くのはどうかなと思っていたのですけれど、このように中国国営放送が正式に放映しているのなら、少しご紹介しようかと思います。

ここから、そのメルマガから抜粋します。

＊＊＊

4月1日に書かせていただいた以下の記事の、「新型コロナウイルスの遺伝子の変異と分岐」の図を見ていまして、「やはり発生は人為的だよなあ」と改めて思いました。

突然変異と分岐：現在判明しているだけで「8種類の異なる新型コロナウイルス」株が世界に広がっている。さらに100以上の遺伝子の変異も。

https://indeep.jp/scientists-track-coronavirus-strains-mutation/

というのも、このブログに載せました「遺伝子の変異と分岐」を見ていますと、「2019年の12月のはじめの時点で、すでに5種類の株が存在している」のです。

新型コロナウイルスが初めて出現したのがいつなのかということについては、説はいく

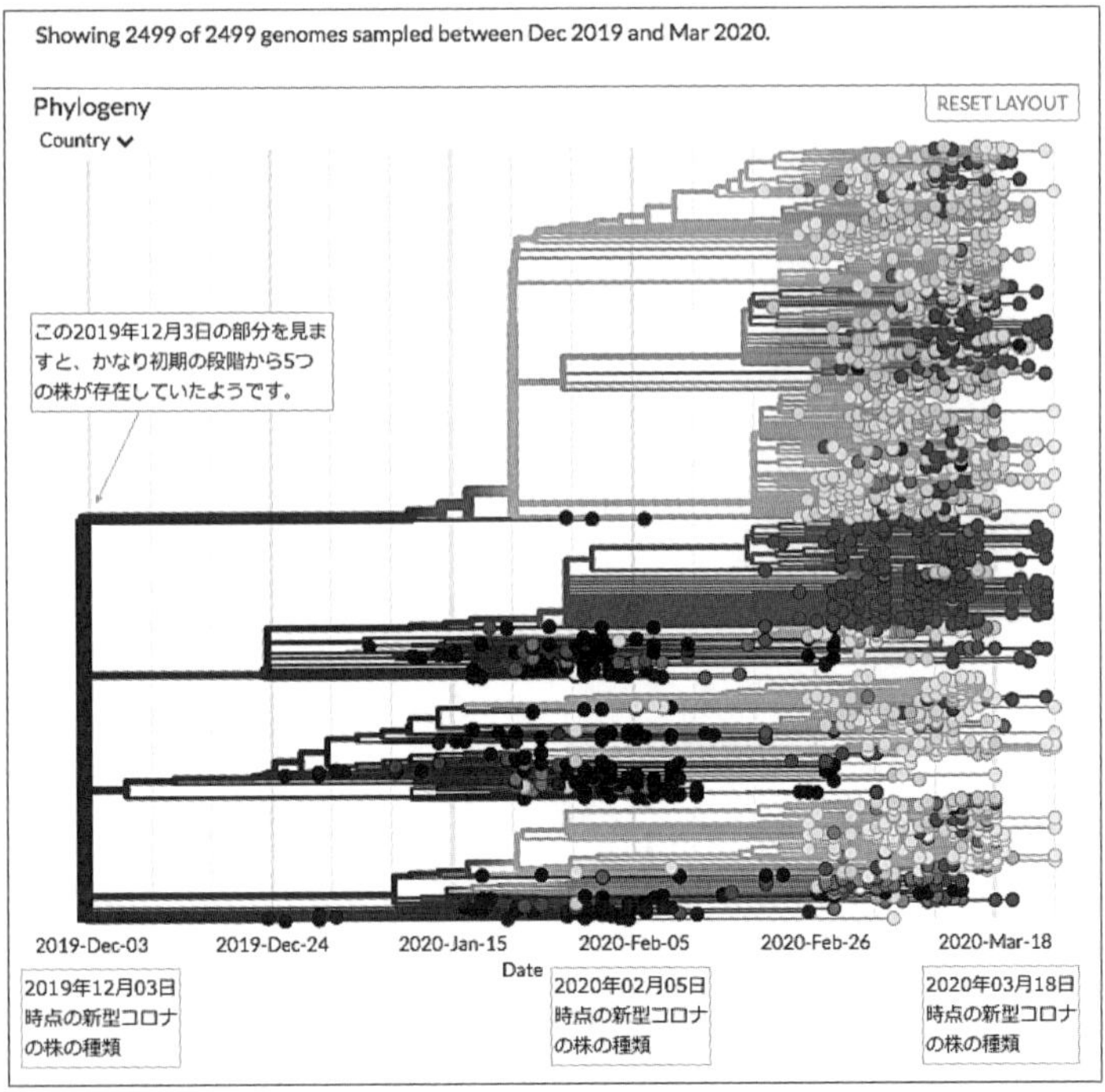

2019年12月から2020年３月までの新型コロナウイルスの遺伝子の変異と分岐

つかありますが、遺伝子解析からの一般的な見解では、「２０１９年11月に中国の武漢に出現した」ということになっています。

あるいは、他の遺伝子分析から２０１９年10月などの見方もありますが、いずれにしましても、２０１９年12月までは、まだ「患者そのものはとても少なかった」ことになります。

基本的にウイルスは、人への感染を繰り返す中で、進化・変異していくものですので、患者数が少なかったと考えられる2019年12月の時点で、「すでに5つの株がある」というのは、どうも解せないのでした。

こういうものを見ていますと、「最初から5つの株があったのでは？」というような考えにもなります（あるいはもっと先から流行が起きていたか）。

3月13日発行のメルマガでは、ここに来て、ウイルスの作成元として、「中国もアメリカもどちらも怪しい」という流れを書かせていただきましたが、最近、それに関しての2つのメディア記事を見出しました。

ひとつは、「中国の科学者が、コロナウイルスを人に感染させる生物学的実験を行っていたということが2015年のイタリアの国営メディアで報じられていた」というもので、もうひとつは、「2019年10月に、中国の武漢で、史上最大規模の『世界軍人運動会』というものが開催され、そこには300名の米軍兵士が参加しており、その後から武漢で新型コロナウイルスの感染が始まった」ということを示す記事でした。

「世界軍人運動会」なんてものは知りませんでしたが、当時の中国国営ニュースには以下のようにあります。2019年10月18日の人民日報です。

史上最大規模の世界軍人運動会、武漢で本日開幕

１０９カ国の軍人９３０８人が参加する過去最大となる第7回世界軍人運動会が本日、湖北省武漢市で開幕する。

１００カ国以上から１万人弱の軍人たちが中国の武漢に集まり、各国軍の栄誉と世界平和をアピールする。

米Ｙａｈｏｏ！ニュースは、「武漢は世界の注目の的になるだろう」と報じた。世界軍人運動会は国際軍事体育理事会が主催する、世界の軍人にとって最も格式の高い大型総合運動会で、４年毎に開催されている。

これが２０１９年10月18日で、米軍からは３００人が参加していたようです。

この世界軍人運動会の閉会のセレモニーが終わった直後から、武漢を発信源とする「謎の感染症」の流行が始まりました。すなわち、新型コロナウイルスのパンデミックがこの時から始まったのです。

もちろん、これはただの時期的な偶然なのでしょうけれど、このことについて、すべての報道と資料サイトを参照しながら、詳しく報じていたウェブサイトがありました。

今回は、そのリンクから知ったさまざまな報道や資料から、「中国も怪しいけれど、アメリカの怪しさがやや上回ってきた」ことについてご紹介したいと思います。

3月30日のスリランカのメディア、Lankaweb の記事です。

新型コロナウイルスの発生責任は誰にあるのだろう

現在、新型コロナウイルスの流行が世界的な問題となっているが、感染拡大と同様に重要なことは、このウイルスが自然に発生したのか、人為的なのかという点だ。

私たちが知るべき3つの質問は以下のようなものだろう。

1. このウイルスは自然に発生したか
2. このウイルスの感染拡大は偶然に広がったのか?
3. このウイルスは世界的に広がるために作成されたのだろうか? もしそうなら、誰によって? そしてなぜ?

これは自然に発生したものか

奇妙な肺炎が２０１９年11月に中国で表面化し始めたとき、中国当局は、湖北省武漢の市民に影響を及ぼしている奇妙なインフルエンザをＷＨＯに警告していた。

このウイルスは、ＷＨＯによりＣｏｖｉｄ－19と名づけられ、その後、パンデミックが宣言された。

当初、西側の国際メディアは、このウイルスは武漢の海鮮市場に由来すると主張し、市場で取り引きされていた動物や鳥が原因であるとされた。

しかし、３月18日、中国側の衛生部はこの考えを真っ向から否定した。

このウイルスは武漢から流行が始まったが、武漢はウイルスの発生源ではないとし、中国側は、アメリカで生物兵器の研究を行う米フォート・デトリック医学研究施設からのウイルス漏出がＣｏｖｉｄ－19の発生源であった可能性があると主張した。

３月21日の中国国営「人民日報」には、以下のような記事が掲載された。

「ＣＯＶＩＤ－19の発生の起源の疑問が高まるにつれ、中国はアメリカ政府に米軍フォート・デトリック医学研究施設の閉鎖の理由を明確にするように要請する」

フォート・デトリックは、900人の職員を擁する米軍生物兵器研究所があった場所だ。この米軍研究所は、2019年8月に突然閉鎖された。この際、「国家安全上の理由」により、閉鎖の詳細について調査することを米国CDCさえも拒否された。

なお、研究所の閉鎖の後から、例年より異常に早い時期に、アメリカで過去にないほどの大規模なインフルエンザの発生が始まった。

このアメリカの季節性インフルエンザは、最終的に、少なくとも3200万人が発症し、1万8000人が死亡した。このことと、フォート・デトリック医学研究施設の閉鎖に対して、時期的な疑問を向ける動きもあった。

また、2019年10月に武漢で行われた、「世界軍人運動会」との関わりを指摘する向きもある。アメリカの軍事系メディアは、武漢での世界軍人運動会に300名の米兵が参加したことにふれている。

武漢で開催された世界軍人運動会に参加した300人の米軍人は、2020年2月5日にアメリカに戻った後、カリフォルニア州ミラマーで2週間隔離された。

3月12日に、米海兵隊が新型コロナウイルスに陽性と判定された。報告された280件には、軍人、その家族、軍の請負業者が含まれている。世界軍人運動会に参加して、2月5日に武漢から避難した5人の軍人選手は、最終的にCovid－19で入院した。

当時の報道によれば、当初彼らの入院の理由は、Covid－19ではなくマラリアとされていた。

興味深いのは、2019年11月に武漢の地元住民がCovid－19の症状を示し始めた時期が、世界軍人運動会後のポスト・インキュベーションの期間と一致していることだ。

その後、米経済誌フォーブスに掲載された中国グローバルタイムズの記事は、武漢の世界軍人運動会に参加した米軍の自転車選手が、Covid－19を武漢に導いた責任があると主張している。

このグローバルタイムズの主張は、新型コロナウイルスが米軍の研究所で製造され、52歳の自転車選手によって武漢に持ち込まれたと述べているアメリカの調査ジャーナリスト、ジョージ・ウェッブ氏の説に基づいている。

グローバルタイムズはその後、「10月の世界軍人運動会のために武漢に来た米軍代表団の、その後の健康と感染に関する情報を公開するように」求めた。

Ｃｏｖｉｄ－19には５つの株があることが知られるが、ウイルスの影響が最も大きい国である中国、イタリア、韓国、イラン、スペイン、イギリス、フランス、スイス、アメリカ等の中で、中国とイギリスは、５つの株のうち２つが見出されるが、アメリカだけが５つの株すべての存在を示している。なぜだろうか。


ここで、アメリカのフォート・デトリック医学研究施設に戻る。

フォート・デトリック医学研究施設は、病原体の保管が法に反するとして２００９年にも閉鎖されたことがある。

この研究施設は、エボラ出血熱、天然痘、炭疽菌《たんそきん》を扱っていた。

２００１年のアメリカ炭疽菌事件では、事件の容疑者として、フォート・デトリック研究施設の上級研究員であった科学者ブルース・イビンズが起訴されているが、２００８年にイビンズはアセトアミノフェンの大量服用により自殺した。

世界で最も裕福な人物であるジェフ・ベゾスは、今年2月、アマゾンが保有していたアマゾンの株式の12％である34億ドル（３６００億円）を売却した。

また、アメリカの多くの富裕層たちが、この時期に数十億ドル相当の株式を売却し、また、２０１９年には１４８０人のアメリカ企業のＣＥＯが辞任している。

この期間、アメリカで92億ドル（約１兆円）の株式が、ＣＥＯたちによって売却された。過去にこんなことは一度もなかった。何が起きたのだろうか。

次に、ビル・ゲイツのような慈善家がいる。ゲイツはコロナのテストを主張している。それを引き受けるのはＷＨＯだが、資金を提供しているのはゲイツ財団だ。

２０１９年10月にジョンズ・ホプキンス健康安全保障センターで、模擬パンデミックを実施したのと同じ団体だが、ゲイツ財団はワクチンが必要だとしているが、中国の医療団はビタミンＣの単純な使用によってウイルスを克服している。ワクチンは必要がない可能性がある。

しかし、ＳＡＲＳが２００３年に発生し、８０００人以上が発症し、７７４人が死亡した後、ＳＡＲＳワクチンの特許はアメリカが保有した。

Ｃｏｖｉｄ－19が自然ウイルスか人工ウイルスか、そして、仮に人工だとすれば、どのような目的でそれが広まったのか、あるいは、このような結果は計画されたものだったのかどうか。

その議論は続いている。

私たちが知っているのは、現在、事実上すべてが崩壊したということであり、世界中で大混乱が引き起こされたということだ。

誰がやったかという質問に関しては、それはアメリカか中国か……。原爆を二度も使用した国、他国に自由に不法に侵略し爆撃する国、世界中に軍事基地を設置する国、無人偵察機を使用して暗殺する国。

誰に責任があるのかは読まれた方が、それぞれでお考えいただきたい。

話のポイントは以下です。

・2019年10月に武漢で行われた「世界軍人運動会」の直後から新型コロナウイルスの感染拡大が始まった。
・その少し前の2019年8月に、アメリカの微生物研究施設である「フォート・デトリック医学研究施設」が突然閉鎖されたが、理由は発表されないまま。
・フォート・デトリック医学研究施設が閉鎖された直後から、アメリカではかつてないような「季節性インフルエンザ」の爆発的な大流行が始まった。

すべてが、時間的な偶然というように考えることもできるでしょうし、「すべてがパンデミックと関係している可能性」もあると考えることもできるかもしれません。

真実はもうわかりようがないことですが、状況証拠は、中国もアメリカもどちらもとても怪しいことを示します。

あとは、読まれた皆さんがどのようにお考えになるかということかもしれません。

Part 4

中国もアメリカも
絶対に滅びる！

中国が滅びる理由

岡　今年は自然災害がさらにふえると僕は思っているんです。

それは陰謀論とは関係ないことなんですけど、昔、米地質学会というところが、惑星の配置と地震が関係あるみたいなことを言っていたんですが、今はずっとその渦中にあるんですよ。

地震とか洪水は実際起こっていますけど、とにかく今年はひどい災害が続くだろう。

新型コロナも同時並行で行って、次に何を打ってくるのかなという感じがしますね。

統制なのか何なのか。

でも、アメリカも中国も潰れてしまえば、また別の展開も出てくるんでしょうけどね。

浅川　いや、滅びるんですよ。

滅びるという記事を、私が5年ほど前に書いている。

私がホームページに「中国の未来」と題して、中国共産党は既に崩壊に向かってのカウントダウンが始まっていることや、それを示す「中國共産党亡」という文字が刻まれた巨石が発見されていることを記したのは２０１５年9月25日です。

そこに「In Deep」と書いてあるでしょう。私はここでも岡さんと絡んでいて、お世話になったんです。

岡　じゃ、それは5年ぐらい前のやつですね。

中国がどう滅びるのかという道筋が具体的によくわからなかったけど、今はちょっと見えてきたかもしれない。

浅川　5年前に我々はある程度わかっていたんですよ。

岡　人によっては、中国は絶対滅びないと言う人も多かったんですよ。

浅川　そんなことはない。絶対滅びますよ。

この写真は「In Deep」から取らせてもらったんだなと思って見たら、確かにそうだった。

岡　記事は「2016年に中国共産党が滅びるとすれば」というふざけたタイトルです。「エポックタイムズ」は反共産党でずっとや

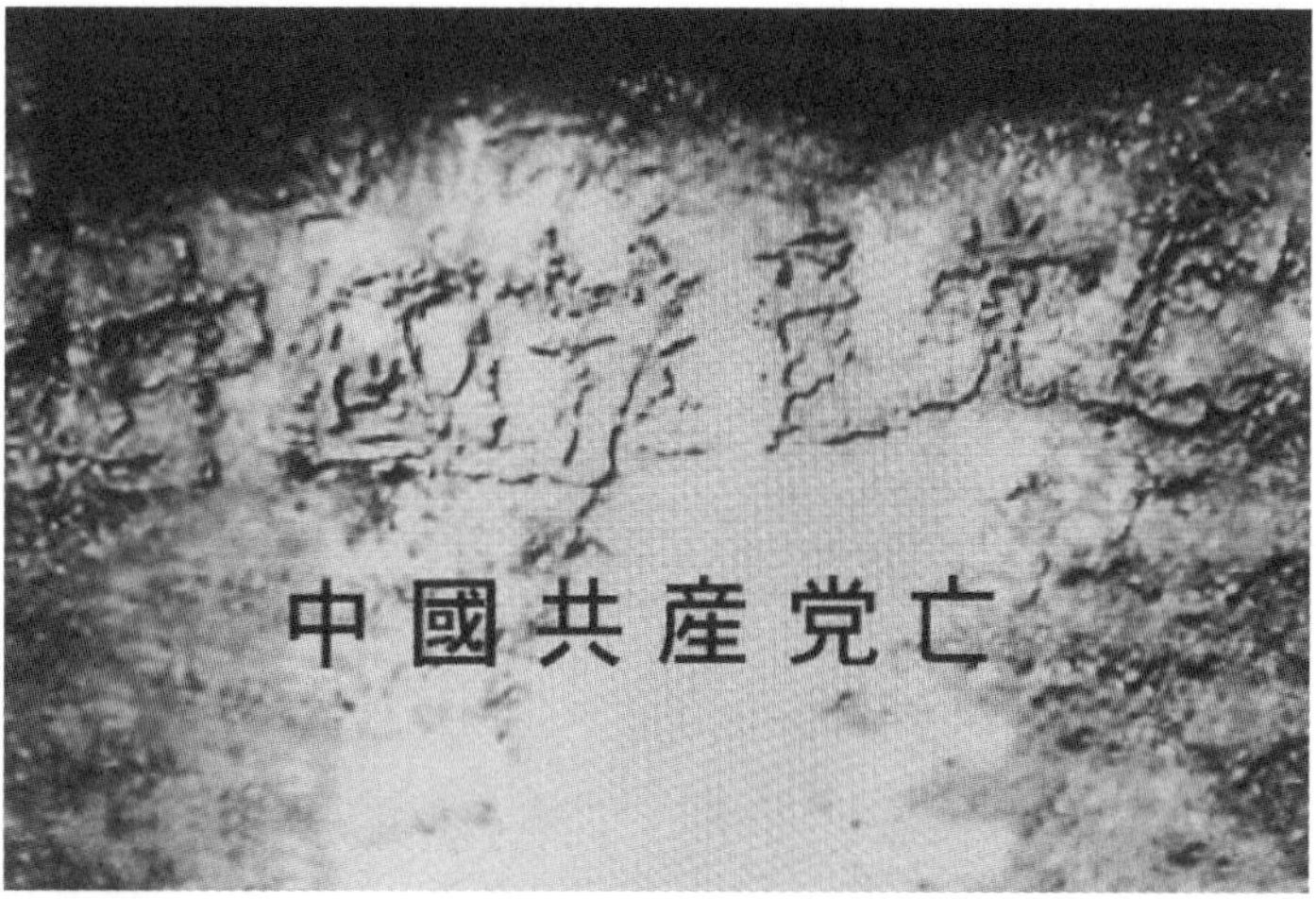

500年ほど前に断崖から落下した二つに割れた長さ3m、高さ7m、重さ100tの巨石。その巨石には、約30cmの大きさの文字で中国共産党の崩壊を意味する「中国共産党亡」と刻まれていた

っているんですが、反共産党の中国語系のメディアは多いんですよ。「ＮＴＤ（新唐人電視台）」とか「希望之聲」とか、５つぐらいあって、みんな拠点はアメリカに置いたり香港に置いたりしている。

今、香港があぁなっちゃったから、これからどうなるかわからないですけど、中国本土ではなかなかできないみたいです。

浅川　私がＨＰを書き始めたのは20年程前ですが、５～６年前から中国の状況をブログを書いている人は、中国の滅亡を感じて書いている。今になって急にコロナウイルスで騒ぎ出したわけじゃないんですよ。

岡　合理的な話じゃなくても、中国のやり方とか、理念とか、新疆ウイグル自治区の管理とかもひどかったし、中国はこのままじゃよくないなというのがあったんだと思います。

アメリカもそうですけどね。

単にこれじゃよくないんじゃないかと、４～５年前から思っていた。

でも、中国があそこまで大きくなったら、そう簡単には滅びないだろうとは思っていたんですけど。

浅川　中国は絶対滅びると、さっき私が言ったでしょう。

それは、ダライ・ラマ率いるチベット族に対する残虐非道な行為などを次々と為して来ているからです。

もしそうでなかったら、私は舌を100回かみますよ（笑）。

これは本当のことですよ。

中国が第二次世界大戦の直後、仏教国のチベットを滅ぼした際には、数百人の僧侶を集めて、巨大な穴を掘ってそこへ埋めたんです。

バッコーン（浅川氏が机を叩く強烈な音）

埋めるだけじゃなくて、彼らに対して空からヘリコプターでクソ小便をまいたんですよ。ひどいでしょう。

そんなことは世界中どこの国もできない。それをやったのが中国なんですよ。そんな国が滅びなくて覇権国家になるんだったら、神様も仏様も要らないですよね。習近平なんか、普通の死に方じゃない。

肉片をみんなちぎって食われますよ。絶対そうなる。

岡　中国で昔、食糧危機があったときに、人肉食が一部ではやったときの記録が残っていて、そのときにはみんな食べちゃっているんですよ。

浅川　これから先、再びそういうことが起きようとしているんです。

岡　日本の場合は、飢饉があってもみんな死に絶えていくだけなんですけど、中国はなぜか昔から人肉食の話が出る。
やっぱり人種が違うんですね。普通、おなかがすいても食えないですよね、人間の肉は。

アメリカが滅びる理由

浅川　中国だけでなくアメリカという国も恐ろしい国ですよ。

よその国を戦争で奪うというのはまだいい。戦争で兵隊を殺したというのは、お互いに争っているんだから、これはやむを得ない。しかし、原爆で罪のない女子どもまで30万人殺すというのは、許されることではないのです。しかも日本が完全に降伏のシグナルを送っている最中に、ルーズベルトが、これだけはやらなきゃ俺の気持ちが晴れない、何よりの楽しみなんだと言って2発落としたわけです。

そしてもう1発を東京に落とそうとした。それはこの本『浅川嘉富・保江邦夫　令和弐年天命会談』（明窓出版刊）に書いてあります。

保江先生がそちらの面ではすごい知識を持っていて、話してくれたんですが、鹿島神流の剣術使いの小泉太志命という方が剣術の持つ霊的な力を使って、皇居に向かっているB29を見事に消してしまったようです。

しかし、エネルギーを全部そこへ注ぎ込んでしまったため、終わった瞬間に広島と長崎に落とされてしまった。

そういうことをやっているのがアメリカという国なんです。

岡　日本人に対してもですけど、アメリカは自国民に対しても随分いろんなことをやっていましたね。

マンハッタン計画もそうでしたけど、アメリカ人を使った実験をいっぱいやっている。

アメリカというのは業を担っている感じがありますね。

浅川　それがカルマ（業）です。

完全に業をしょい込んじゃっているからね。

日本人もアメリカに行くと、結局離れられなくなっちゃう。

今はもうコロナ禍でアメリカから離れたいと思っても、出国できないじゃないですか。

このまま続いたら、みんなアメリカで命を落とすことになってしまいます。こうしたことも皆、各自が持

令和弐年天命会談

っているカルマ（業）によって生じることではないでしょうか。

広島、長崎での原爆風景

浅川嘉富氏コラムより転載 ❸

（2015年9月25日掲載）

中国の未来
王朝滅亡の歴史が語る共産党政権の崩壊

中国人のあまりの品行の悪さと官僚の汚職、腐敗のひどさに、かっての栄華は何処に行ってしまったのかと思っておられる方が多いのではなかろうか。しかし、それは孔子や孟子の教えから描かれたイメージが中国という国や中国人を美化してしまっているからである。実はそれは錯覚で、かの国は今も昔もなんら変わってはいないのである。

皇帝一族や官僚たちによる汚職や腐敗は太古から続いており、次々と誕生した帝国はどれもみな皇帝とその一族による、国家の私物化と富の独占によって栄華が保たれてきたの

2200年前、中国大陸に勃興していた7つの国を一つに統一し、強大な国力と軍事力を手に入れた「秦」王朝は、始皇帝亡き後わずか15年で滅亡している

である。その結果、帝国の末期には貧しい流民が大量発生し、彼らの不満を起爆材にした武力による政権交代劇が繰り返されて来たのである。

それゆえ虐げられてきた民は次第にずるがしこくなり、孔子や孟子の説く道徳や礼儀を身につけることのできたのはほんの一部の人間で、多くの民は自分さえ良ければの自己中心的な考えで生きていくところとなったのである。

最近出版された『「死に体」中国の宿命』（宝島社刊）という本を読むと、改めてその実体を知ることができる。読者にもお薦めする一冊である。そこには、秦王朝から始まって唐王朝の時代に至るまでの約1600年、現在の共産党政権と同じ官僚たちによる汚職、腐敗が幾度となく繰り返されて来たことや、世界の人々が等しく感じている中国人の品行の悪さとずるさの要因を知る手がかりが記されている。

中国史が伝える漢民族の歴史

秦の始皇帝が周辺の6カ国を滅ぼして、中国最初の統一帝国を建国したのが紀元前22

1年。始皇帝が残した巨大な墓などを見ると、統一帝国のパワーのすごさを感ぜずにはおられないが、その帝国は建国からわずか15年で、項羽や劉邦らによって紀元前206年に滅ぼされているのである。

その後、前漢、後漢、晋、隋、唐、宋、元、明、清、中華民国と続き、1949年に現在の「中華人民共和国」が誕生。その間の各王朝の歴史を調べると、統治期間は清の296年、唐の289年、明の276年などを除くとそのほとんどが数十年程度で、隋などはわずか37年で滅びている。

なにゆえ巨大帝国がそれだけの短期間で崩壊してしまったのかというと、

① 皇帝一族による国家の私物化、富の独占
② 皇帝や官僚の人民奴隷化政策による流民の大量発生
③ 知識人の離反

などが大きな要因となっていたようである。こうした要因が重なって、隆盛を誇ってい

た王朝は次々と崩壊していったのである。

そうした帝国崩壊の歴史を知った上で、１９４９年に毛沢東によって成立された共産党帝国、「中華人民共和国」の約70年の歴史を振り返ってみると、「権力者による私物化」「流民の大量発生」「知識人の離反」といった、かつての帝国崩壊の要因が、現在の中華人民共和国内部にも蔓延していることに気がつく。

共産党帝国崩壊のカウントダウンは始まっている

どの帝国においても敵対する勢力や流民の大量虐殺は行われてきているが、毛沢東最後の10年の文化大革命時代においても、毛沢東という独裁者一人の権力維持のために数千万人の人々が命を奪われ、億単位の人民が何らかの形で政治的迫害を受けていたのだ。まさに毛沢東による「権力者による国家の私物化」によって阿鼻叫喚の暗黒時代が発生していたのである。

毛沢東亡き後、鄧小平が推進した「改革開放路線」による民主化政策によって、なんと

周近平主席以下７人のメンバーが壇上に上るのはいつまでだろうか？

か中華人民共和国の崩壊は免れたものの、その後、民主化政策は官僚たちによって悪用され、中国史上空前の「腐敗の時代」が始まることとなったのである。私利私欲のために権力を乱用した共産党幹部が得た賄賂《わいろ》は膨大で、先般収監された共産党元政治局常務員・周永康とその一族による汚職額は、なんと1000億元〈1兆7000億円〉に上ったと伝えられている。

現在、周近平政権によって官僚の汚職摘発が行われているが、対象となる官僚の数は膨大で、今中国では次のようなジョークがはやっている。

「局長クラス以上の幹部に全員死刑を言い渡したら免罪者〈罪がなくて罰せられる人〉が出てくるが、その数を半分にしたら漏れが出てくる」。腐敗の蔓延はそれほど深刻な状況になっているのである。

王朝崩壊の3つの要素の一つ「権力者による国家の私物化」については理解できたことと思うが、次なる「知識人の離反」もすでに始まっており、その第一弾となったのが、1989年初夏に民主化を求めた学生や知識人によって引き起こされた「天安門事件」である。とりあえず解放軍部隊の出動で政権崩壊は免れたが、今、腐敗政治に対する弁護士たちの抗議行動や香港における学生デモは、新たな知識人による離反行動を生みだそうとしている。

問題は3番目の「流民の大量発生」であるが、「影の銀行」の倒産や株式市場の崩壊による一般市民の財産消滅がこれから先本格化した時、あるいは心の救いを求めるキリスト教徒への迫害などが本格化した時には、共産党政権から人心は離れ、周近平体制への不満が臨界点に達することになる。そして、その時が刻々と迫って来ていることは、これまでのホームページ記事を読んでおられる読者には十分にお分かりだろう。

秦の始皇帝の帝国成立から2200年が経過した今、最後の帝国となる「中国共産党」

崩壊へのカウントダウンはすでに始まっているのだ!! それを熟知している周近平政権が最後の拠り所としているのが、不満分子の目を国外に向けさせるることであり、その最大の狙い所が我が国やフィリピンなどとの領有権紛争である。

そのためには先に行われた「抗日戦争勝利70周年」(2017年)式典は、周近平政権にとっては重要な意味があったのだ。だからこそ、式典前に発生した天津爆発事故(2015年)は、爆発の原因や危険物の拡散状況がうやむやにされたまま今日に至っているのである。

中国共産党崩壊は太古の石に刻まれていた

「エポックタイムズ」に掲載された「中国共産党崩壊」と読める文字が刻まれた2億7000年前の石についての記事が、「In Deep」で紹介されていた。

その記事を参照させて頂くと、この石は500年ほど前に断崖から落下して二つに割れたとされる巨大な石で、大きさは長さ3メートル、高さ7メートル、重さ約100トン。

刻まれている文字は約30センチ四方の大きさだというからかなり大きな字体である。

問題は石の断面に刻まれた「中国共産党崩壊」を意味する「中國共産党亡」という文字である。発見されたのは２００２年で、場所は中国南西部の貴州省の山奥の景勝地、発見者は現地の清掃作業員。当時中国の主要メディアはこのニュースを一斉に報道、しかし、最後の文字「亡」は除いた形で紹介されたようである。

中国科学院や中国地質大学の専門家13人の共同チームが分析に当たった結果、まわりの石の成分からこの石はペルム紀時代の2億7０００万年前のものと判断されたようである。また、この刻まれた文字には人の手による加工の跡はなかったとされている。

「エポックタイムズ」には、これだけ明瞭な文字が自然に掲載されたとは考えにくく、判断は読者にお任せすると記されているが、なんとも不思議な石である。ただ発見当時、中国のメディアが報道したことや調査に当たった学者が人工的なものでないことを認めていることを考えると、いい加減なものでないことは確かである。

ペルーの砂漠で発見されたカブレラ・ストーンの年代測定に、地質学者と共に関わった私から言わせてもらうと、詳しい年代は別にしても、何年とか何十年以内に人間の手が加えられたものかどうかの判断は、間違いなくできることは確かだ。したがって、研究者の「人の手による加工の跡はなかった」という鑑定結果は素直に受け入れるべきだと思われる。

中国共産党が滅びると書かれたこの石の存在を、中国の主要メディアが報じたことが不思議である。もしかすると、発見当時は「亡」の意味を、中国共産党が他国を滅ぼし、世界の覇権国となると解釈したのかもしれないが、亡の字を除いて報道したことを考えると、それもあり得ないような気がする。

いずれにしろ、現在の崩壊に向かっている習近平政権の有様を見ていると、「亡」の意味が中国共産党そのものの崩壊であり、滅亡であることを我々は遠くない内に目することになりそうである。

Part 5

私（浅川）が講演会で言ってきたことが、今次々と現実化してきている！

備蓄は必須！　ガスマスクも!?

浅川　私が講演会で今から10年前ぐらいから言い出したことは、私はあと2～3年もしたら海外へ行くのはやめるようになると思う、あなたたちは行ったら帰ってこられなくなるからやめておいたほうがよさそうですよと。

それが今、起きたじゃないですか。

私の講演を長い間聞いていた人が、私が講演で言ったことが一つ一つ成就してきていると言って驚いています。

私が最初に伝えたのは、いつモノが食べられなくなるかわからないから、とにかく備蓄だけはしっかりすること。

玄米で10キロ米を5袋とか10袋用意しておいて、1袋なくなったら、また1袋買えばムダにならない。

あとは缶詰その他のものを用意しておきなさい。

北海道で数年前に地震が起きたとき、スーパーに一晩並んでもわずかなものしか買えない情景をテレビで見た女性が、浅川先生から備蓄の大切さをよく言われ、70回目の最後の講演会で机を叩かれて、それができないようだったら、おまえたちは後で後悔するぞと言われた翌日に、買いおきしておいたことが助けとなりましたと、泣きながら電話して来ました。

これが食糧危機に対する対策です。

もうひとつは、マスクとゴーグルは必ず用意しておきなさい。

これはコロナウイルスと念頭に言ったんじゃないんです。

富士の噴火が起きて地風が吹いたら、神奈川、東京、埼玉、茨城、この方面は相当やられる。同時に、ただの噴火じゃないんです。

宝永の噴火の場合には、江戸に積もったのはせいぜい2センチか3センチです。

しかし、今度は30センチ近く積もることになりそうです。5合目から上は消えてしまうことになると、言われているからです。

岡　僕は、ややプレッパーなところがあって、備蓄は12年前ぐらいからやっている。ガスマスクもありますよ。

浅川　そうですか、それなら安心です。ゴーグルも用意しておいて下さい。

岡　イスラエルはガスマスクを全員に配るんです。

それが手に入る。あとは救命胴衣とかも意味なく持っていたり、ちょっとそういうところがあるんですよ。

さっき先生が言われたように、コメは賞味期限が切れたら食べればいい。

浅川　マスクやゴーグルなんかは腐るものじゃないからね。ゴーグルは、富士の噴火のときには必ず要るぞ、口は手でふさぐことはできても、目は防げないからねと。この2つだけはずっと言ってきました。

富士の噴火については今、状況が相当厳しくなっているでしょう。

岡　かもしれないですね。

Part 6

富士山噴火と
金龍様の涙の出る話

龍神さんでも富士の噴火が抑え切れなくなっている!?

浅川　あなたは、富士の噴火に関してはあまり詳しくないようですね。はっきり言えるのは、富士の噴火は龍神さんによって抑えられているということです。

5年ぐらい前に西之島が噴火したときから私は既に言っているんです。西之島の噴火は海底からのマグマが噴出したものではないと。

普通の海底噴火というのは、海底のマグマを噴火させるわけですが、今回噴火しているマグマは、富士山の底にたまったマグマを流して出しているのです。

どうやら、龍神さんでも富士の噴火は抑えられなくなってきているようです。

岡　ここ5年ぐらい、富士の周りもいろいろわかってきましたね。

浅川　一番致命的なものは西之島なんですよ。

私は、西之島の噴火と富士山との関係を霊感というより感性で感じたので、間違いないということをホームページに書いたのです。

それを100%裏づけたのが、今から1年ぐらい前に、噴火がおさまってから研究員があの島に上って調査した結果、海底火山では絶対にできないものすごく硬い石が発見されたことです。

調査員は非常に驚いて、その石は持って帰らずに、知り合いの人だけにその事実を漏らしたのです。それが私のような部外者になぜか伝わってきたんです。

ということは、日本列島は大陸の一部ですから、そこから富士山の溶岩を抑え切れなくなった龍神さんが流したのではなかろうか、そう考えたんです。そうであったら硬い石があってもおかしくないですからね。

既に3～4年前から龍神さんが富士山を取り巻いて噴火を抑えておられたようです。

それがなぜわかったのかというと、霊感の強い女性が、その話を私に伝えるために徳之蔵に3度も来られたんです。

その方は、今は神社に行っても意味がない、力のある龍神さんは全部集められて、富士山の噴火を抑えるために十重に八重に周囲をずっと取り巻いて抑えてくださっていると言っていました。

ところが、その女性が、つい半年ほど前に来られたときには号泣してしゃべれないんです。

しばらくしてようやく語り始めました。

外から富士山を見て、龍神さんが十重に八重に取り巻いている話はしました。

前は横から見ていたのに、今回は山頂の真上に行って、火口の入口まで降下させられたんです。

そこから下を見て、あのマグマが上がって来ている姿だけなら、別に泣き叫ぶことはないです。

泣き叫んだのは、そのマグマを抑えておられたのが金龍様だったからです。

その真っ赤に燃えている様なお姿を見たときに、金龍様が命をかけて、身を挺して噴火をおさえてくださっているんだということに初めて気づいて、その夜から3日間、ほんとに一睡もできませんでしたと、女性は語っていました。

ワイタハ族と2冊の本『龍蛇族直系の日本人よ！』『世界に散った龍蛇族よ！』

浅川　なぜそんなことが私ごときに伝わるかといったら、金龍様と私とのつながりは、ヒカルランドで出した2冊の本『龍蛇族直系の日本人よ！』『世界に散った龍蛇族よ！』に書いてあります。

金龍様は天皇家の守護霊です。

テ・ポロハウ長老が、

ニュージーランドの露天風呂に入る浅川とポロハウ長老

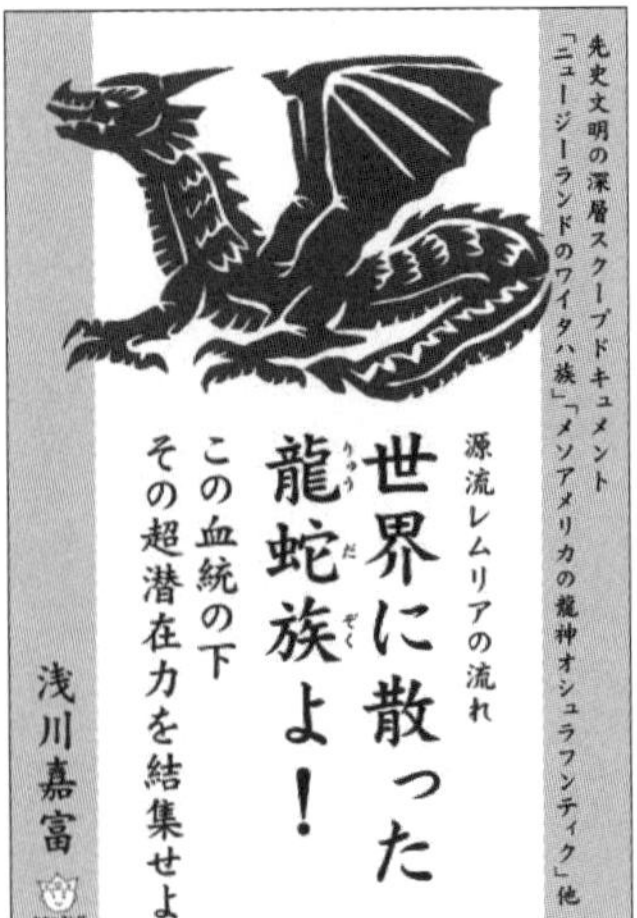

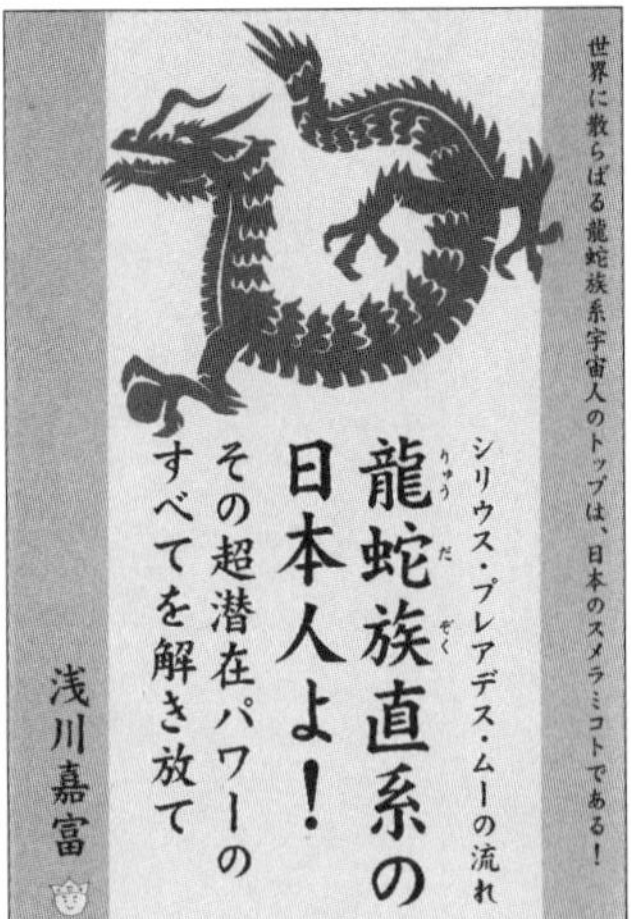

ヒカルランド刊

BS－TBS 開局10周年特別番組『2012年12月21日マヤ暦の真実』で番組ナビゲーターを務める浅川氏が、マヤの長老ドン・アレハンドロに取材中の撮影シーン。同番組では、ドンが世界で騒がれている2012年問題といにしえより伝わるマヤの長期暦について語っている。

「いよいよ金龍様が、千数百年ぶりに日本に戻ることになった」

「じゃ、また皇室の面倒を見るんですね」

「いや、今度はあなたの守護霊になって戻られるんですよ」


私には何のことかわからなかった。

それまでは龍神さんの「り」の字も知らぬ男でしたから。

ニュージーランドから戻ってきてしばらくすると、掛け軸が送られて来ました。

送り主は、私の大阪の講演を毎回聞いておられた画家の方で、この掛け軸は新築されていた京都の美術館ではなく浅川先生のところに送らないと、とんでもないことになると、急に私のところに送って頂くことになったようです。

ただ送っても受け取らないと思うので、私の親しい人を通じて、龍神さんの絵が送られてきますから、心配せずに受け取ってくださいと伝えられたのです。

開けてみたら、巨大な掛け軸だったのです。

それを飾ったら、そこにワイタハ族のテ・ポロハウ長老が来て、その前に立った途端に動かなくなった。

「どうしちゃったんですか、長老！　長老！」

「全部仕組まれてますね」

「どういうことですか」

天皇家に守護霊としておられた金龍様が、かなり以前からニュージーランドに渡っておられた。

そこへ浅川先生が訪ねて来られ、やるべきことをやって日本に戻ってこられた。徐に金龍様も主護霊としてご一緒についてこられたのです。それと時を同じくして掛け軸が用意された。

それは金龍様がそこに入るためだったのです。

今、龍神様はそこに入っておられます。

長老は掛け軸に向って盛んに祈られたあと、横へ立って写真を撮ったんです。

それからしばらくして、掛け軸の中に入っておられる金龍様と会話ができる若い男性が来られたとき、最近の情勢について金龍様が何か伝えることがあったらお伝えくださいとお願いしたら、

『人間というのは何と愚かなものよ。我々はこうやって長い間、リセットに気づくために時を延ばしている。しかし、いつになっても気づく人間はほとんどおらぬ。このままでは多くの魂

は抹消になり、せいぜい一部が3次元に行くだけだ。だから高次元に行く人間は数えるぐらいしかいない。情けないのう、犬畜生以下じゃ』

とおっしゃっておられます、と言われた。

それを聞いたときから、もうそこまで来ちゃったんだな。火口の近くまで来ているマグマを抑えておられる龍神さんがおられるというのに、人間はいつになってもカネだ、地位だ、名声だとバカなことばかり言ってくる。もう何にも言う気がなくなっちゃった。

これが実際のところです。

コロナだって、そういうものがみんな絡んでいると私は思うんです。

でも、場合によっては、人間に最後のカルマを刈り取らせたあと、時の扉が開かれて地上を離れるということになる可能性もあるんじゃないかなと思います。

Part 7

コロナと地球終末的現象

命とは何か？　次に受肉しないのが最高という考え方

岡　コロナでもそうですけど、命を大事にという大前提があり過ぎて、そのために全てを犠牲にしていいようになっているんですけど、それはおかしいんじゃないかと、うちの奥さんも言い始めている。

　僕もそうなんですよ。

　僕は、例えば今言われたように、命を張っておさえている人を見てもわかるように、命が一番大事と思ったことはないんだけど、今、新型コロナでそれが一番になっちゃって、死なきゃいいということになっている。

　そうじゃなくて、例えば楽しく生きたり、幸せに暮らしたりということが全くおざなりになっちゃっている。

　ぶっちゃけて言ったら、これは重い病気で、みんな別に死んでもいいんじゃないかと思うわけです。

　みんながこんな不幸な感じで生きていて、命をどうのこうのというのはおかしいと思っちゃうんですよ。

浅川　あなたの言うとおりですよ。

今、世界の国々がワクチンを自国優先で使おうとしているでしょう。

そんなことをして自国人だけが生き延びたって、それでどうなるというの。

何かビクビクしている世の中は嫌だなと思って。


岡　生を持って生まれるということは一つの意味があるはずです。

どうせ死ぬんだから、死ぬまでにどれだけ精神的に向上するか。

僕も含めて、普通の人はダメなまま死んでいくんですけど、次に生まれ変わったときによくなるかもしれない。例えばお釈迦様も言っているんですけど、受肉しないのが最高だと言っている。

つまり、肉体を持っている限りはダメだということです。

最終的には、キリストで言う受肉しないということです。

それを目指してみんな生きている。

そこまでは普通なかなか行けないんですよ。

せっかく生命をもらったんだったら、生きていることの大事さがどこにあるか。

人によってその価値は違うと思う。

僕は、こんな窮屈な世の中は嫌だなと思いますね。

死ぬのが嫌なのは誰でもそうですけど、例えば僕の奥さんのお母さんは、ガンの末期で入院しているんですが、コロナ対策で、病院が面会を全面的に禁止しているので見舞いにも行けない。

あとは死んだときに連絡が来る。

こんなのはおかしいでしょう。

何か全般的におかしくなっていて、せっかく生を持って生まれてきたのに、楽しさなり幸せを感じないで毎日過ごすのはよくない。

コロナは特にそれを感じさせると思っているんですよ。

だから僕は、反発というか、新型コロナウイルス自体がどうのこうのじゃなくて、特にソーシャルディスタンス（人と人との距離を置くこと）をすごく憎んでいます。

意思を持って死んでいけば、それでよし！

浅川　今は地球の文明にとっては完全に終末的な現象が起きちゃっているようですね。

岡　僕もそういうふうに捉えるしかなくて、恐らく終末というものが今起きているんだろうなと思わざるを得ないんですよね。

その中で意思を持って死んでいけばいい。

先生のようなちゃんとした方がいっぱいいるので、どうせ死ぬにしても、生まれ変わってまた犬畜生から始まるんじゃダメなので、キリストとかお釈迦さんとかが言っているんですけど、死んだときにある程度の人だったら、また次にある程度のところに生まれるはずなので、生を持って生まれるということに対する価値観が、もうちょっとよくなればいいなと思いますね。

いつかは受肉をしないで……。

全ての人間がこの世をいったん離れて、3手に分かれる

浅川　今あなたが言われた受肉をするしないの話ですが、我々は今まで、人によって回数は違うんだろうけど、亡くなっては霊界へ戻り、そちらで学んで、また3次元に来て学ぶということを繰り返して魂の成長を遂げてきた。

しかし、今回でその流れが終わるんですよ。

なぜ今回で終わるのかというと、地球は今まで3次元世界での学びを繰り返す場として登場していたんだけども、今度は地球そのものが生まれ変わることになるからです。そして、3次元の原始の地球に戻ると同時に、高次元の5次元と7次元の世界がパラレルワールドとして誕

生し、全ての人間がいったんこの世を離れて、そこで3手に分かれるのです。

どういうふうに分かれるのかというと、魂そのものが新しく誕生する地球の高次元世界の5次元、7次元に行ける人、これはごくわずか。

それよりももうちょっと多いのが、新しく生まれた3次元世界に戻る人。

残りの半分以上は魂の抹消、この3つに分かれるのです。

これはマオリッツオ・カヴァーロが私との対談本『超次元スターピープルの叡智』（徳間書店）の中で言っていたことなので、間違いなさそうです。

私は、あるとき講演会で魂の抹消ということを言い始めたんだけども、その根拠がはっきりしなくなっちゃったから、以後、末梢の話を止めることにしたのです。

そのとき天の大神様は、それは一番大事なことだから、こっちからメッセージを伝えておまえにしゃべらせているのに、何で余計なことをするんだ、と怒っておられたようです。

そういう経緯もあってカヴァーロと対談することになったようです。

魂の抹消が一番多くなる

浅川　そのとき私は、この男だったら「魂の抹消」についても答えてもらえるかもしれないと思って、対談の途中で、私は講演会で魂の抹消ということを最近言うようになったんだけど、どうもそれが自分でも自信がなくなってきているんだが、と言った途端に、まだ通訳が伝えないうちに向こうが、「あなたが言っている魂の抹消ということは間違いなく起きることであるが、あなたの考えには大きな間違いがある。あなたは、魂の抹消が起きるのはごくごく一部だと思っているでしょう。とんでもない、魂の抹消が一番多いのですよ」と言われたんです。

そこで私が、

「それはあり得ない。あなたのクラリオン星人に関する話は全てそのまま受け取るけれども、その点はどうしても得心がいきません。一部ならわかるけど、一番多いなんてそんなバカなことはないでしょう」

と言ったら、彼が笑いながら、

「無理して受け入れようと思っても意味がないから、無理しなくていい。しかし、そう遠くないうちに私の言っていることが間違いじゃないことが理解できるときが来るから、そのときに私の言ったことを思い出してくれればいいんだ」

と。それが今まさに、カヴァーロ氏の話を素直に受け入れる気持になってきているんです。

霊的世界の存在すら認めない人間はウヨウヨいます。ですから、全ての人間が高次元に行けるなんてとても無理ですよね。

浅川氏とカヴァーロ氏

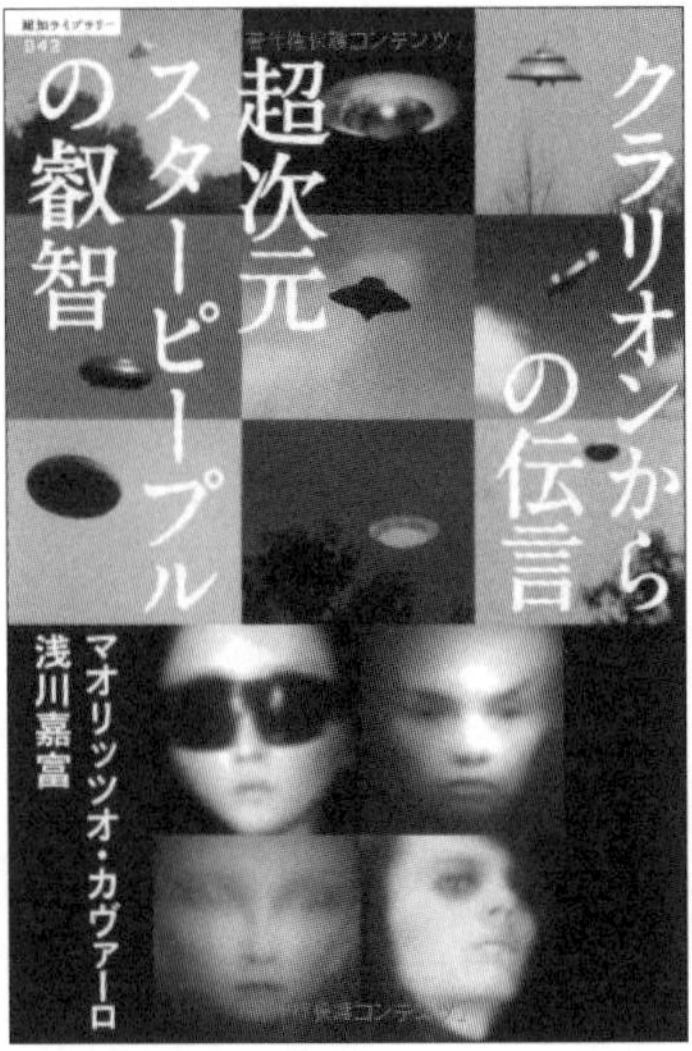

2人の対談本『超次元スターピープルの叡智 クラリオンからの伝言』（超知ライブラリー）

カヴァーロ氏撮影の UFO

だから、3次元に戻って一から出直す。

正確なことは分かりませんが概略、サルとの生活から始まる魂が30%、高次元に進む人間が20%、あとの50%は魂の抹消となるのではないかと私は思っています。

岡 僕の知り合いの若い人で薔薇十字の研究をしている方がいて、その人は魂という言い方はしないんですけど、基本的には輪廻するものなんです。

その中で抹消というのは一番恐ろしいことらしいんですよ。

浅川 それはそうですよ。分子、原子に戻ってしまうんだから。

岡 それを薔薇十字の修行者の人たちは避けたがっているみたいで、そのための修行は何かと考えているみたいです。

浅川 それは魂の抹消が起きることをわかっている証拠です。

岡 僕は、消えちゃうからいいんじゃないのと言うと、そんなことではないと。

本当に恐ろしいことらしいんです。

浅川 今まで数十回ないし100回近く転生してきたのに、それが全て無になるだけじゃなくて、自分の魂そのものがなくなっちゃう。

岡 一番恐れていますね。でも、それは実際にある。

例えば、古代のアステカ文明とかマヤ文明とかだと、第5世界とか第6世界とか、数字はちょっと違うことがあるんですけども、次の世界があって、そこに行くと消えちゃうみたいなことは言っていました。

当時は、そこまでは行ってなかったと思うんですね。

浅川　そうした点に関しては彼らもまだよくわかっていませんでしたから。私が今話したことをマヤの長老ドン・アレハンドロ氏にしたら、相当熱心に聞いていましたよ。

岡　マヤ文明とかアステカ文明があった頃は、まだそこまで深刻じゃなかったかもしれない。

浅川　その段階まで来てなかったということですよね。

岡　この数百年がひどいから、消えちゃうというのはあるのかなという気はしますね。

浅川　その数が一番多いと言われてびっくりしましたけれども、あるとき、ふと思ったんですよ。

魂が抹消されるんだったら、全てが無になるんだから、ある意味ではそれは別にどうでもいいのではないかと。

原子、分子になっちゃうんだから、記憶も何もなくなる。

岡　存在がなくなるということなんでしょうね。

浅川　そういうことです。

抹消の前に、自分でしてきたことを全部追体験させせられる

浅川　そのとき、ある人が「あなた、そんなことを言ってるけど、そんなもんじゃない」と言われるから、「どういうことですか」と聞いたら、魂の抹消になる前に、自分たちが犯してきた罪を全部自分たちで体験し直すんです。

一例で言うと、ブッシュ元大統領は国葬されて、天国に行ったとみんな思っています。とんでもない。

彼とその子ジュニア・ブッシュ大統領が、湾岸戦争、アフガン戦争、イラク戦争で何百万人の人間を殺し、何千万人の人間にどれだけの不幸を与えたか。

そうした苦しみを全部彼らは抹消される前に体験することになるのです。

つまり、何百万人の人間を殺したブッシュ親子は、抹消される前に何百万回の死を体験するのです。

自分たちがやってきたことを全て自分で償った後に抹消される。

あれだけの人間を殺したり、苦しい目に遭わせたのに、ただ抹消されるだけだったら不公平じゃないかと思ったのですが、どうやら天は公平な裁きをなさるようです。

その死の詳細を語られたときには、私もさすがに、この辺でやめてとお願いしたぐらいです。それは尋常な死じゃない。

その話を思い出すと、ものすごい恐怖心が湧いてきます。

一例で言うなら恐竜に追いかけられる。

逃げる、逃げる、逃げる、逃げる、逃げる、最後に捕まってパクッとやられた瞬間に、また甦る。逃げる、逃げる、逃げる、逃げる、パクッ。また甦る。

300万人の人間を殺したら、これを300万回味わう。

だから、甘くはないということですよ。

この種の霊的な話、スピリチュアルな話は、その辺の若い連中がおもしろおかしくピーチクパーチク言う話じゃない。

その話を聞いたときには、本当に身が震えましたよ。

「平等」と「自由意思」というのが宇宙の大原則です。

自由意思を与えられる限りは、人を殺すために出刃包丁を買いに行っても、守護霊さんが出てきて「やめなさい」とは言いません。自由意思だから。

しかし、平等の原則に従うなら、この類いのことをしたら、同じ贖《あがな》いで償うしかないのです。

世の中というのはそれだけシビアなんです。決して甘いことはないのです。

スピリチュアルをやっている連中の一番の問題点は、甘いということです。

岡　スピリチュアルはあまり詳しくないんですけど、ただ、甘さは感じますね。

浅川　感じるでしょう。甘いんですよ。

岡　まずは現実を見たほうがいいですよね。

浅川　私が徳之蔵に来られる人たちに伝えるべき厳しい話をしなかったら、「おまえ、自分をかばったな。今日は、せっかく遠く北海道から来ていたのに、一番大事な話を避けたな。そういうことを何度するつもりだ」とやられるから、「わかりました」と言って、自分で頬っぺたを叩くんです。

私の日々はそれの連続ですから、あなたとは違うんじゃないでしょうか。

岡　そこまでじゃないですけど、僕でもそうやって夢に出てくるんですよ。

バッシーン（浅川氏が自らの頬をひっぱたく強烈な音）

浅川　そうですか。最初のうちはこれ（薄い紙束）でほほを叩いていたけど、そんなものでは役に立たないんです。

朝になると、ケロッと忘れちゃう。

それで、段ボールの厚いのを用意しておいてやるんです。

そうすると、朝起きて髭を剃ろうと思うと、あれ、俺の顔は何でこんなに腫れてるんだ。そうだ、夕べ反省したんだ。

あわてて2階に上がって、反省したことを紙に書いて、部屋に貼るんです。

そうやってきているから、どうにか今日までもっているんですよ。

岡　そうですか。

Part 8

死を超えてなお続く「霊性の向上」をわが使命として……

死と霊性とのめぐり合い

浅川　私は一部上場の会社で社長の一歩手前までいった人間ですから、これまで話してきたような世界とは全くかけ離れた世界にいたわけです。

しかし、それを切りかえるきっかけになったのが、『人間死んだらどうなるの？』（中央アート出版社刊）という本を書いたことです。

しかし、霊的な知識は特に持っていたわけではないのですから、そんなものが書けるわけはないじゃないですか。

それを書くようになったきっかけは、実は自分が大事にしていた最愛の女房を若くして亡くしたことだったんです。

そして、後妻は一切もらわずに、なんとか子ども2人を育てた。

一部上場の金融機関で一番忙しいと言われている男ですから、その日のうちに帰ることなんてないんですよ。

帰ってきても、11時半とか、12時半。1時間ほどかけて気持ちを切りかえて、1時頃から4時頃まで書いて、3時間ぐらい寝て、会社に行く。

しかし、そんなことをしていたら身がもたない。どうしたかといったら、三鷹から日本橋まで電車に乗るんですが、始発ですから座れる。ところが、座っても、寝すごして、乗り越してしまう。

それを2〜3回やって、こんなことじゃまずいなと思ったときに、不思議なことに、いつも決まって隣に座るおじさんがいることに気づいたのです。

その人に、「大変勝手なことで申しわけないんですけど、実は私はときどき乗り越します。もしできたら、日本橋の手前になったらちょっとゆすって起こしてくれませんか」と頼んだんです。

役員になる手前ぐらいですから、55〜6歳頃だったと思います。

岡　僕ぐらいのときですね。

浅川　そうして何とか本を書き終わったんです。

その方には「1年半近くお世話になって本当にありがとうございました」と。厚く御礼を申し上げました。

岡　1年半もお世話になったんですか（笑）。その人もすごいな。

浅川　そのとき書いたのが『霊性の目覚め』でした。

私は原稿を書くのが世の中で一番苦手で、課長になったときも課長通達が書けなかったくらいです。

部長が「何やってるんだ。通達を書け」と言うから、「そんなに急がせるんだったら、部長、自分で書いてください」と言ったの。

「そんなの聞いたことない。部長の俺が何でおまえの課長通達を書かなきゃならんのだ」と言うから、「私は普通の課長の数倍の仕事をしています。だったら私は会社に閉じこもって書きます。そのかわり部の成績はガタッと下がりますけど、いいですか」と言ったら、「おまえは俺を脅かすのか」（笑）。

この本『霊性の目覚め』は、全く何も書いたことがない男が、女房を亡くしたことによって命がけで書き上げた本だったんです。

とにかく私は原稿を書くということが大のにがての人間だったんです。しかし、妻の死によって死後世界のことを初めて世に出すことになったんです。それがきっかけで今日まで、宇宙や、人類や地球の歴史の真実を次々と本に書いて、いつの間にか15冊目を出すことになったのです。

そのときに一番お世話になったのが当時徳間書店で編集長をなさっておられた現在のヒカルランドの石井社長だったんです。

岡　こっちもお知り合いになれまして、ありがたいことです。

浅川　最初に書いた『霊性の目覚め』は自費出版でした。

岡　自費出版ですか。

『謎多き惑星地球《このほし》』

浅川　だって、何にも書いたことのない人間の本を有名な出版社から出せっこないじゃないですか。自費出版社を探して、そこから出したんです。何十回にわたって読み直しをしましたから、出版された本を見るだけでヘドが出る思いでした（笑）。

その後に石井編集長に、私の会社は専門会社だから、編集者をつけますから心配しないで書いてくださいと言われて書いたのが『謎多き惑星地球《このほし》』上下巻なんです。

岡　何年ぐらい前ですか。

――15年ぐらい前かな。

浅川　そのとき私は石井君に、

「普通の著者は、原稿を書いたらどのくらい見直すの」と聞いたんです。

「2回か3回ですけど、3回までやる人は少ないですね」

「どうして」

「そんなことをやっていたらメシが食えませんから」

私は石井君が言ったその言葉を今でも鮮明に覚えています。

――私は忘れてしまいました（笑）。

『謎多き惑星地球』は今うちでリメイク版でやっています。

岡　すてきな表紙ですね。

――メチャクチャ気合いを入れた本なんです。

当時、グラハム・ハンコックの本がヒットしたので、そのデザイナーさんに頭を下げて頼みに行った。今はこういうのはつくれないみたいですよ。

岡　僕のもこういうのにしてほしかったな（笑）。

浅川　そのかわり、これは世界中の遺跡を飛び回って命がけで書き上げた本です。本の印税の何十倍も経費がかかっています。

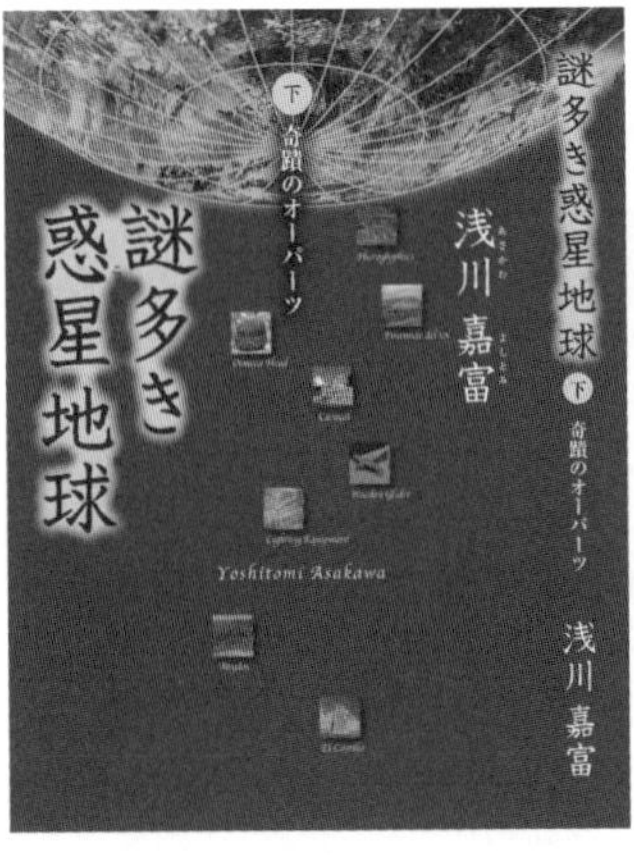

死の真実を知って亡くなった妻は死後、日に日に輝き出した……

岡　『霊性の目覚め』を書くことになったきっかけは何だったんですか。

浅川　女房がものすごくすばらしい死に方をしたからです。

岡　奥さんが亡くなったのがきっかけだったんですね。

浅川　そうです。

女房は、死んだら無になるという考え方だったんです。

結婚を申し込むときに、彼女は将来自分がガンになったときには、決してそれを私には告げないでください、この約束を守ってくれれば、あとは何をされても結構ですと言ったんです。ですから、女遊びはするわ、博打はするわ、競馬はするわ、酒は飲むわ、ゴルフはやるわ、通常の人間の遊びの大体5倍から10倍やったのが、この私なんです。

岡　僕も、ゴルフ以外はほとんどやりました（笑）。

僕の奥さんは随分年下なんですけど、迷惑をかけたくないので僕は尊厳死協会に入っていて、急に倒れて意識がなくなったら、延命治療をやらないでほしい。

奥さんは若いのでそんなことはないんですが、50〜60歳になると、どうしてもそういう話が出てきますね。

浅川　そんなこともあって、妻は最初は、死ぬということにものすごい恐怖心を持っていたんです。

岡　奥さんは、亡くなった後にも魂が残ると考えていた方ではなかったということですか。

浅川　全く考えていなかった。

ですから、ガンの告知をした後にものすごい恐怖心に駆られるところとなったのです。

それで、人間というのは死んでも無になるんじゃないということを、会社に行く前に少しずつ話をしていたら、突然、「お父さんは一生懸命話をしてくれるけど、私は聞いてませんから。ムダなことだからやめてください」と言われました。

しようがないから、何か書いておけば少しは読んでくれるだろうと思って書いていたら、「お父さん、何か一生懸命文章を書いて毎朝置いていくけど、そういうのは読みませんから、やめてください。それより会社に早く行って、少し寝る時間を多くしなきゃ、あなたが倒れますよ」と言われた。

そのくらい全く読もうとする気持ちはなかったようですが、あるときからそれを読むようになって、その瞬間からガラッと態度が変わったのです。

その結果、死に対する恐怖心がどんどん薄れていくことによって、すばらしい死への旅立ちができたんです。

そのため亡くなった後、私も子どもたちも、送るのに、ワンワン泣いたりということは全くしないで済んだのです。

岡 それだって、浅川さんが一生懸命やられていなかったら、奥さんは気づかなかったでしょうね。

浅川 そうですね。死は無になることだと思っていたのですから。しかし、亡くなったときの死に顔は最高でしたよ。

茶毘《だび》に付すのに3日間ぐらい置くでしょう。

その間、朝起きてくると、子どもが「お父さん、見て。またきれいになってるよ」と。

これが死に対する恐怖心がなくなった人間の姿です。

また「お父さん、こんなにきれいになるなんて考えられない。死んだ人は動かないんでしょう。何できれいになるの」と言うから、「死に顔は魂の姿を現しているからではないか」と答えたんです。

そして茶毘に付そうとしたら、娘が「お父さん、もう1日でいいから茶毘に付すのを後にしてください。だって、こんなにきれいになってきているのですもの」と言うから、「ここまできれいになったということは、完全に成仏していることの証《あかし》だから何も心配することはない」。

そして、茶毘に付して送ってあげたんです。

岡　いい話というか、すごいですね。

浅川　それがもとで、死ぬことがわかっていることによっていい死に方ができるんだったら、それを大勢の人に知らしめなきゃいけないのじゃないかという使命感みたいなものを、ものすごく感じて、書くことが一番苦手な人間が、これだけのものを書き上げたんです。

これだと、原稿用紙で何枚ぐらいになりますか。

――これは500枚以上になるかな。

浅川　そうですね。600枚ぐらい書いて、自分である程度カットしたように覚えています。自費出版ですから、誰もチェックしてくれるわけじゃない。

長野県の出版社でやったんですよ。

岡　自分の奥さんに訴えられたことをたくさん伝えられるのは、いいことですね。

霊界の浅野和三郎さんからメッセージが届く

浅川　自分がそれを体験させられたということは、それがおまえの使命だということでやったんだろうなと思っていたんです。

そうしたら、あるとき女性の霊能者の方が「浅川さんちょっと待ってください。今すごい方が来ておられますよ。浅野さんってご存じですか。浅野和三郎さんです」と。

霊能界のトップにおられた方で、最高の人格者です。

東大で日本で最初にシェークスピアを全訳された先生です。

その先生が霊的世界の教団の大本教に入ったときには、政界から経済界から全てのトップクラスが皆その教団に入ったほどです。

その浅野和三郎先生が来ておられるという。

「どういうことですか？」

「君にお願いがある。『霊性の目覚め』という本を君は書いた。それをもう少しわかりやすくして、もう少しページ数を減らして読みやすいものに書き直してくれ」

「浅野先生がおっしゃられるのでしたら、また新しく書きます」

「いや、その必要はない。『霊性の目覚め』は、実はわしも相当力を尽くしておぬしに書いてもらった本だから、完璧に近い」

「それじゃ、精いっぱい読みやすくしますけど、なぜそんなことをする必要があるんですか？」

「これからの時代は一般の家庭の主婦とか若い女性にこの種の話をしっかり理解させることが必要なのだ。ついては、君の書いたこの『霊性の目覚め』は少々硬く書かれているので、読んで欲しい女性たちが飛びつかない。だから読み易い本にして、名の知れた出版社から出すようにしてほしいんだ」

ということで、『人間死んだらどうなるの?』と題名を変えて、中央アート出版から出版することになったのです。

今もこの本はどんどん増刷されています。

私の書いている本は今でも皆さんが欲しがるので、15冊のほとんどは増刷してもらうようにしているんです。

――カヴァーロとの対談本もまだ生きています。

浅川　どの本も皆、意味があって書かされているから、そういうことになっているのだと思いますよ。

――すごいですね。これだけ全部生きているなんて、あり得ない。驚きです。

浅川　確かに15年たっても出版が続いている本は少ないようですね。

天が目的を持って書かせていますから、そういうことになっているのだと思います。大変にありがたいことです。

Part 9

In Deepと
岡 靖洋の使命《ミッション》

少しでもいい考えで、死んでいけたらと……

岡　僕は、何でブログを書いているのかわからなくなることがあるんですよ。

浅川　そういう使命があるからですよ。

岡　僕の場合はインターネットという媒体だから、本とは確かに違うんです。そんなに苦労して書いているわけじゃないんですけど、何でやっているのかなと思うことがある。

例えば浅川先生はそういうのは嫌いかもしれないですけど、立場的にも上場一部企業の幹部だったりしたんですが、僕はそういう肩書は今まで全くない。

せいぜい人から好かれるぐらいで（笑）。

じゃ、生きてないのかといったら、ブログも広告で生きています。

浅川　もうそろそろ10年以上になりますね。

それはあなたなりの使命を帯びている。しかし、ブログに書くのに、別に肩書は必要ないんです。

岡　そうです。

だから名前は出さないで、「In Deep」という名前だけでやっているんです。岡という名前はどうでもいい。

今、先生が浅野和三郎さんに言われていたことを知って思ったんですけど、女性と若い人に伝えなきゃいけない。

浅川　そこを言われたんですよ。

岡　僕のブログとメルマガは、年寄りも多いんですけど、比較的女性が多いんですよ。僕にはわからないですけど、どんなに難しい変なことを書いても、女性に受け入れられやすい。

もしかしたら陰謀論かもしれないし、もしかしたらエグいことかもしれないけど、女性が結構気に入ってくれるんです。

浅川　そうですか、女性に人気があるんですね。

それは必要があってそういうふうになっているんですね。

岡　僕自身も女性が好きですしね。

今この話を聞いて、熱い激論を交わす男だけの世界にはあまり興味がないんですよね。

だから、なるほどなと思って。

僕なんか、下の90％なので……。

浅川　そんなことはありませんよ。今日こうして私と対談しておられること自体重要な役割を持っているわけですから。

岡　自分はこの人生とともに抹消していくんだろうな。ただ、残された中で何かあればいいなと思っています。先生と会えたこともうれしいです。

浅川　このタイミングで私とお話をしているということは、高次元世界に行く可能性が高いからこうやって来てるんですよ。

逆に私からはっきり言うと、そう思わなきゃダメ。

岡　でも、僕は、もう一回3次元に行ったほうがいいかなと思っています。まだできていない。先生も女遊びしたらしいですけど、僕もしている（笑）。

浅川　もう一回ということはない。戻るなら、原始の地球……。

岡　本当のリセットなんですね。

浅川　サルと自然の生活から始まる3次元に行くか。

岡　今までが消えるということですね。

浅川　3次元世界での学びは今回の転生で一応全てが終了するんです。そこで初めて、高次元に行くか、3次元に戻るか、抹消になるかで分かれるんです。

岡　じゃ、もう一回というのはなさそうな感じですね。

浅川　絶対にありません。小学校、中学校を終えて更に上に進むか、それとも再び小学1年生に戻って最初から学び直すかのどちらかです。

岡　これから難しい生き方ですね。

浅川　だけど、あなたは今までどおりの生き方をして何も問題ないのよ。

岡　そんなに悪いことはしてないですからね。

浅川　私の若い頃の遊び方なんて尋常じゃない。

やるべきことさえやっていれば、そんなことは、ある意味どうでもいいのです。

岡　自分がやるべきことというよりも、それがなぜ自分の中から出てくるのかわからないですけど、誰かに伝わればいいなと思っていますね。

僕なんかは世に出ていく気は全然ないけど、もしかしたらそういうことを伝えてくれる人が出てくるかもしれない。

自分でわかれば、伝えなくてもいいんですね。

こんな世の中になると、一生懸命理想を考えている人の理想が萎縮しちゃうと思うんですね。

浅川　今はもう講演会を聞くとか、本を読むとか、そういう時期は過ぎちゃっているんですよね。

岡　かもしれないですね。

　本当に難しいし、急に好転する可能性もちょっとなさそうな感じです。

　後の5次元とかはともかくとしても、少しでもいい考え方で死んでいければいいかなと思います。

笑うのが一番いい！　でもマスクじゃ……

浅川　一番大事なことは、一日一日を明るく、楽しく過ごして、笑いのある日々を送ることです。
岡　本当にそう思います。
　こんな時代で萎縮して暗くなって、前世も今世も来世もないとしても、人生は笑ってなきゃダメなんですよね。
浅川　そうです。笑って明るく楽しく過ごすということが一番大事なんです。
　それは私が講演会で十数年ずっと言い続けてきたことです。
　最後のほうになると、前の席に座っているおばちゃんが手を挙げて、「先生は笑って過ごすということを何十回も言われるけれども、私なんか、笑うことは何もないんですよ」と言う。

そこで私は言ってやったんです。

「あんたが笑う理由が何もないというのは嘘だ。今日帰ったら、何もしなくていいから鏡の前に立って自分の顔をよく見なさい。笑うから。あんたの顔は思わず笑う顔ですよ」と（笑）。

そうしたら会場が爆笑です。

岡　笑うことは健康にもすごく大事です。

浅川　笑っていればいいんですよ。マイナスはないんだから。

岡　笑えば笑うほどいいというのは、医学的にもはっきりしているんですよね。

——免疫が高まりますからね。

岡　ガンなんかも治る。

浅川　鏡に向かってニコッと笑うと、いい顔だなと思うもの。

そこへ娘が帰ってきて、「お父さん、また笑ってる」と言って自分も笑っていました。

岡　僕は自分の顔を見ると落ち込むから、顔を見ないほうがいい（笑）。

浅川　ダメでもいいから、鏡を見て笑うの。

岡　僕は結構ひどい人間なので、テレビで中国の洪水を見ても笑う。

その辺はどうにもならない（笑）。

今日は国分寺、立川、小淵沢と来たんですけど、駅や電車の中で笑っている人はいなかった。

マスクをしているからしようがないけど、きつい。

笑おうよと思うんだけど、笑えない。

笑わない期間が3カ月、4カ月、5カ月になってくると、体の調子がどんどん悪くなってい
くと思うんですよ。

所沢あたりだと、じいさんとかはマスクをしないでゲラゲラ笑うので、逆にいいかげんにし
ろ、意味なく笑うなと思うんです（笑）。

それでも普通の人はマスクをします。

でも、東京ほどじゃないですね。マスクしている人は8割ぐらいかな。

国分寺、立川は100％ですよ。

小淵沢に着いて案内所でここの場所を聞いたら、「マスクしてください」と言われた。

こんなにいい風景で、誰もいないのにそんなことを言われるんだと思って、ちょっとびっく
りしましたけど、しようがないですね。

浅川　私は今も毎日1時間程の散歩をし続けていますが、マスクなどかけたことがない。緑あ
ふれる景色を見て、きれいな空気をたっぷり吸い込む。これが何よりの養生です。

散歩中に愛犬ルナが言っていましたよ。「近頃の人間は変なものを口につけて歩いているね」

と（笑）。

Part 10

コロナ・ワクチンと医者たちのカルマ

一体何を狙って打つんだろう……

——ブログに、コロナに対する各国の状況の違いみたいなことを書いていましたね。

岡　何もしていない国は主要国ではあまりなくて、スウェーデンとベラルーシとカンボジアぐらいなんです。

カンボジアは3カ月ぐらい1人も死者が出ていない。

スウェーデンも患者がふえていたんですけど、7月に入ってからほとんど死者が出ていない。スウェーデンのやり方がいいかどうかはともかく、風邪にかかるのと人が死ぬのとどっちが問題かという話で、あそこはマスクも一切やらなかった。

ベラルーシもカンボジアもそうです。

アフリカはたくさん国があるので、ちょっとわからない。

僕は、白人がマスクをしている姿を見るのが一番きついです。

アメリカ人とかイギリス人はマスクがすごく嫌いで、アメリカなんかでマスクしていると、何でしてるのと言われる。

それでしているんだから、こんなに簡単に人々を統制できるのかと改めて思いました。

浅川　できるんだよね。

岡　すごいですよ。

浅川　人間は死に対する恐怖心がいかに大きいかということです。

岡　実際にはその病気ではほとんど死なない。

――船瀬俊介さんは、コロナは「死ぬ死ぬ詐欺だ」と言っています。

浅川　ある意味じゃ、詐欺の面があるよね。

岡　陰謀論から言えばどこまでもいけるんでしょうけど、市民のほうもちょっと従順過ぎて、ほとんど死んでいない現実を見ようよという面はあるんです。

――テレビを見て全部信じちゃうんだから、頭が悪いとしか言いようがないじゃないですか。

浅川　テレビが言うことはみんな正しいと思っているんじゃない。

――嘘がないと思っているけど、実は嘘だらけですよ（笑）。

75年前には大本営発表で日本人が全部だまされたのに、もう忘れている。今は世界中が大本営になっている。

岡　アメリカの場合は陰謀論で済むのかもしれないですけど、日本で一体何を目的にしているのかよくわからない。

旅行に行こうとか、食べに行こうとか、おかしなことを言っているけど、普通こんなのじゃいかんですよ。

――ひどいですよ。

浅川　2～3日前に白樺湖と蓼科のほうへ写真を撮りに行ったら、飲食店とホテルは全部閉まっていました。

新聞や何かは失業者がどうだこうだとまだあまり騒いでいないけど、すごいことになっていると思いますよ。

岡　失業の問題はこれからですよ。

――船瀬さんの分析によると、とりあえず強制的にワクチンをみんなに打たせる。

岡　最近ブログでも書いたんですけど、どうやら抗体は3カ月ぐらいしかもたないらしいんですよ。

――もちろんワクチンは意味がない。だから、ワクチンでコロナウイルスを広げるか、ワクチンでだんだん死ぬようなシステムを植え込んでいくということを船瀬さんは言っていますね。

スペイン風邪のことを調べると、あれは完全にワクチンから始まっている。ワクチンを打ったことによって拡大したんです。

岡　アメリカはそうでしたね。

――アメリカで軍人に打って、米軍をヨーロッパに送って、ヨーロッパで拡大していく中で、ヨーロッパでもワクチンを打たせて、どんどん広がった。

浅川　ワクチンはやっぱりヤバいんですね。

――ワクチンは生物兵器だと、船瀬さんがはっきり言っています。

フランス軍だけワクチンを打たなかったら、スペイン風邪にならなかった。

ワクチンでスペイン風邪になった人にさらに治療としてアスピリンを飲ませて、注射を1ダースぐらいした。それがサイトカインストームを起こして突然死するような方向に持っていった。スペイン風邪のときに全部実験済みですね。

浅川　じゃ、スペイン風邪はワクチンで一気に広がった。

岡　昔からインフルエンザのワクチンに徹底的に反対する人がいます。ところが、そういう記事は最初からグーグルで除外されるんですよ。

企業が大きいし、いろいろあるんでしょうね。

一番印象的だったのは、インフルエンザワクチンを打った人は6倍のインフルエンザウイルスを呼気で外に出すと、イギリスの一番有名な医学雑誌に出たことがある。

つまり、インフルエンザワクチンを打った人のほうがインフルエンザウイルスをたくさん出している。

浅川　ワクチンについては絶対に打たせないようにしないとね。

岡　ワクチンそのものが全部ダメと言う人もいますけど、狂犬病とかはあったほうがいいです。

――とにかくコロナのワクチンがヤバいかもと思う。

岡　RNAウイルスのワクチンはほとんど効かないと思いますね。

――むしろあれで広げていますよね。新しくできたコロナのワクチンを打てば、発症率は35%に高まると、どこかの記事に載っていましたね。

スペイン風邪の後、大恐慌が来て経済が潰れて、潰れた人を軍隊が拾って、第二次世界大戦まで20年で持っていった。今の流れはそれをちょっと企んでいるかなと思っている人はいますね。

浅川　あれは100年ぐらい前の話で、第一次世界大戦の終わりごろに起きたんでしょう。

岡　第一次世界大戦とスペイン風邪はほとんど同じ時期ですね。「スペイン風邪」というから、スペインから出たような感じがするけど、全然関係ないみたい。

スペイン風邪は致死率が高かった。記録も曖昧です。

日本はすごく小まめに記録をとっていたので、一番信用できるんじゃないでしょうか。

それによると、あんなすごい致死率ではないけど、それでも高くて、5%とかあったかもしれない。

――それは相当高いね。

岡　コロナの全世界の致死率は実際には0・05％ぐらいで、ほんとに低い。しかも、そのうちの90％以上が基礎疾患のある老人です。

浅川　日本は今、感染者が昨日（2020年7月21日）の時点で2万5800人程で、死者は988人。

岡　1000人近くが亡くなって大変なのは大変なんですけど、体調に問題がなかった普通の人がその中にどれだけいるかということです。
健常に暮らしていた若い人たちが突然コロナにかかって死ぬケースは、そんなに多くはないんですよ。

浅川　持病持ちとか。

岡　糖尿病か肥満か高血圧で96％ぐらい。
実際には健常な人はほとんど死んでいないんですよ。

――コロナじゃなくても死んだかもしれない人たちだから。

岡　もちろん例外はあるかもしれないので、それだけでどうこうとは言えないんですけどね。

――ただ、死因はみんなコロナにしましょうということになっていますから。

岡　初期の頃に志村けんさんとか岡江久美子さんが亡くなったけど、志村けんさんは持病を持っていたし、岡江久美子さんは抗ガン剤治療を受けていたので、もともとコロナに弱い。

――普通の風邪でも死んだかもしれない。

抗ガン剤もカルマの創出がすごい

岡　抗ガン剤というのはダメなんですよ。ほんとに体を弱らせる。
うちの奥さんのお母さんは、もうすぐ亡くなるでしょうけど、抗ガン剤を飲んだ途端にダメになりました。

浅川　それはよく言われることだね。医者の罪は重いよね。

岡　先生がさっき言ったカルマで言ったら、医者はカルマを負いますよ。
絶対に亡くなるのがわかっていてやるわけですから。
うちの奥さんのお母さんの場合は、どうするかという家族会議があって、俺は、80近いんだし、ガンは放っておいたらいいんじゃないのと言ったんだけど。

――だって、抗ガン剤を打ったら4年半で死ぬんでしょう。打たないで放っておくと12年半だと、船瀬さんがいつも言っています。

岡　ほとんどみんなが抗ガン剤をやっちゃうから、そのデータが実はとれないんですよ。
あと1カ月もつかもたないかみたいな感じで言われています。

向こうの子どもたちの話し合いで、やろうということになった。
3年前ぐらいからガンと言われて、抗ガン剤を使った途端に衰弱した。

浅川　毒なんだね。

岡　全く毒薬ですよ。

浅川　カネを取って毒薬を注射しているわけだから、罪は重いよ。

岡　僕はお人よしなのでそんなことはないだろうと思っていたんですけど、調べてみたら、抗ガン剤が最初にできたのは、ガンは当時はあまり多くない病気だったんですけど、マスタードガスとかサリンとか細菌兵器を研究したら、ガンを殺せるんじゃないかという、すごい発想から始まったんですね。

浅川　抗ガン剤は絶対に使わないこと。

岡　単純な話で、ガンになったら、そのままガンで死ねばいいんですよ。苦しまないし、多分楽だと思う。僕はそれを奥さんに重々言っている。ただ、自分の奥さんがガンになったときは自分で選択してくださいと。僕は絶対抗ガン剤は使わないし、安らかに逝きたい。あんなに苦しんで死ぬのは嫌だ。

私（浅川）はアキレス腱がまさにアキレス腱!?

岡　先生はご病気がなさそうでいいですね。

浅川　私はそういう病気はないんだけど、医者が治せないアキレス腱痛になることが多いんです。最初に慶應病院に行ったときはまだ30代の半ば頃でした。

岡　アキレス腱の病気ですか。

浅川　アキレス腱が炎症を起こすんです。

岡　そんな病気は聞いたことないですね。

浅川　2回目に慶應病院に行ったら、学生がぐるっと取り巻いている。

岡　一種の珍しい病気ですね。

浅川　そういうことです。

岡　でも、歩くには全然問題ないようですね。

浅川　アキレス腱が炎症を起こしたときには、這うことすらできません。

岡　たまに起こるんですか。

浅川　それが年に1度ぐらい起きるんです。

ところが不思議なことに、私がアマゾンに行こうが、北極に行こうが、そういうときには全く出ない。

必要があって行かされているから、天がそこは救ってくれる。

女房が亡くなった後にこの広い家にひとりで戻ってきてアキレス腱痛が出たときには、トイレまで這っていくことすらできなかったですよ。

岡　そんなにすごい病気なんですか。

浅川　病気というよりアキレス腱の炎症ですけどね。とにかくものすごく痛いんです。

岡　炎症の原因はわかっていないんですか。

浅川　原因は、アキレス腱のもとにある骨の中から針状の骨が出てきて炎症を起こすんです。

岡　不思議な病気ですね。初めて聞いた。

浅川　慶應病院の先生に、手術してその針を取ってくださいと言ったら、取るのは簡単だけど、切ってもまたすぐ出てくる。

一生のうちで30回も40回も手術することになると脅かされたんです。

それが私の持っている因縁なんですね。

岡　僕も因縁がたくさんあります。

人生は調子の悪いことばかりで、何でこんなにと思います。

浅川　皆そうなの。ところが、それが海外に行っているときに全く出ないということは、使命を帯びて行っていることだから、上が守ってくれるんです。

――アマゾンの奥地でこんなものが出たら、どうするんですか。

岡　そうなると全然歩けなくなるんですか。

浅川　這うことすらできない。ほとんどがこちらの足（左足）に出るんです。

岡　反対側も動かなくなるんですか。

浅川　いや、反対側は動きますよ。

日常アキレス腱という言葉を使うときは、致命的なことを意味しますよね。

「君のそれはアキレス腱だよ」と。

這おうとするまでの間がものすごい激痛なんです。

それで1週間は水も飲まない、食事もしない。

それが不思議なことに海外に行っている最中には絶対出ないんです。

35～36歳から40年間ほどずっと出続けていますが。

これが私の持っているカルマなんでしょうから、素直に受け入れるしかないと思っています。

岡　楽なだけで生きている人はいないですよね。

浅川　それでは勉強になりません。

岡　何か苦しいですよね。

浅川　鏡の前に行って笑えばいいの。

岡　明るくしたほうがいいですよ。

浅川　それが一番。クヨクヨしたって何の役にも立ちませんから。笑っていればいいの。人類の先は長くないから。

岡　昔、脚本を書いていたことがあって、次の地球をつくる女神がリストカッターで、ずっと自殺し続けていたけど、あるとき目覚めて、次の地球の救世主になる。

新型コロナウイルスは「抗体による免疫を獲得することができない」ことが世界的な医学研究により明らかに。これにより集団免疫という概念は崩壊し、ワクチンという概念も消えた

In Deep　2020年7月14日

新型コロナは抗体も免疫も短期間で消滅する

最近になって、新型コロナウイルスの「厄介な事実」が次々と明らかになってきています。

今回は、科学誌ネイチャーに発表された研究や、医学誌ランセットに掲載されたスペインでの新型コロナウイルス患者に対しての大規模な研究についての論文などを取り上げていた記事などをご紹介したいと思いますが、何が「厄介」かといいますと、端的にいえば、「新型コロナウイルスは感染しても持続的な抗体を獲得できないウイルス」である可能性が極めて高くなっているということです。

簡単にいうと、「感染して回復しても、しばらくするとまた感染する可能性がある」という意味です。

抗体が持続する期間は、新型コロナウイルスに感染した場合、ほとんどの場合、「早ければ3週間、長くて3カ月で抗体が消える」ようなのです。

これに関しては、7月13日のアメリカCNNの記事で、「新型」ということとは関係なく、普通のコロナウイルス、つまり季節性の風邪ウイルスのうちの何割かはコロナウイルスなのですが、「コロナウイルスというもの自体がそのような性質」らしいです。

つまり、たとえば、新型ではない通常の季節性のコロナウイルスによる風邪を2016年の冬にひいたとします。1年後、まったく変異していない、その2016年の時と同じコロナウイルスによって「2017年も同じウイルスの風邪をひく」というのは普通のことなのだそうです。

2016年から2018年にかけてニューヨーク市で行われた調査によると、翌年どころか、「年内に同じ株のコロナウイルスに複数回感染して陽性となる」ということがあることがわかったそうです。

新型コロナウイルスにも、このことと同じことが起きているということになるようです。

つまり、一度感染して回復したとしても、あるいは、仮に今後ワクチンが登場して、そのワクチンを使用したとしても、「生涯の免疫を獲得することはできない」ということになりそうなのです。

これがなぜ厄介かといいますと、まず、先に書きましたように、仮にワクチンが登場したとしても、ワクチンの効果が３週間〜３カ月ほどしか続かないので、実質的に接種の意味がないのです。

仮に、新型コロナウイルスに有効なワクチンが開発されたとしても、「毎月打ち続けなければならない」という異様な世界の話となってしまいます。

そして、もうひとつの最大の「厄介さ」は、集団免疫あるいは社会的免疫という概念が成立しないということです。

たとえば、スウェーデンなど一部の国では、この「集団免疫」という概念を基本に据えて、「すみやかに国民に感染が拡大して」そして多くの人々が免疫を持つことで、パンデミックを乗り切るという方法をとっています。

私は過去に何度も、ロックダウンも移動やイベントの自粛や制限もしなかったスウェーデンのこの勇気ある態度を賞賛し続けていますし、今でもそれは変わりません。

彼らの決断を尊敬する気持ちは今でも変わらないですが、しかし、このスウェーデンの、「集団免疫」という考え方は、先ほど書きました最近の数々の医学的研究の中では、「意味をなさない」という可能性が高くなっています。

つまり、感染して抗体や免疫を持つことができても、その期間は、せいぜい数週間から数カ月である可能性が高いからです。

その後に、再度感染する可能性が高い。

そういう意味で、いろいろな国で「抗体検査」というようなこともされていますが、それもあまり意味がないことかもしれません。検査した時点での抗体保有率は、時間の経過と共に変化し（ある人たちでは抗体が消えていくため）調査自体にあまり意味がないと思われるからです。

というように、新型コロナウイルスというウイルスは、

・感染しても持続する抗体を獲得できない
・そのため、有効なワクチンの開発が極めて困難になっている

ということになっているのです。

じゃあ、どうすればいいのでしょうか。

これについては、まあ、これはあくまで私個人の考えでしかないですが、やはりスウェ

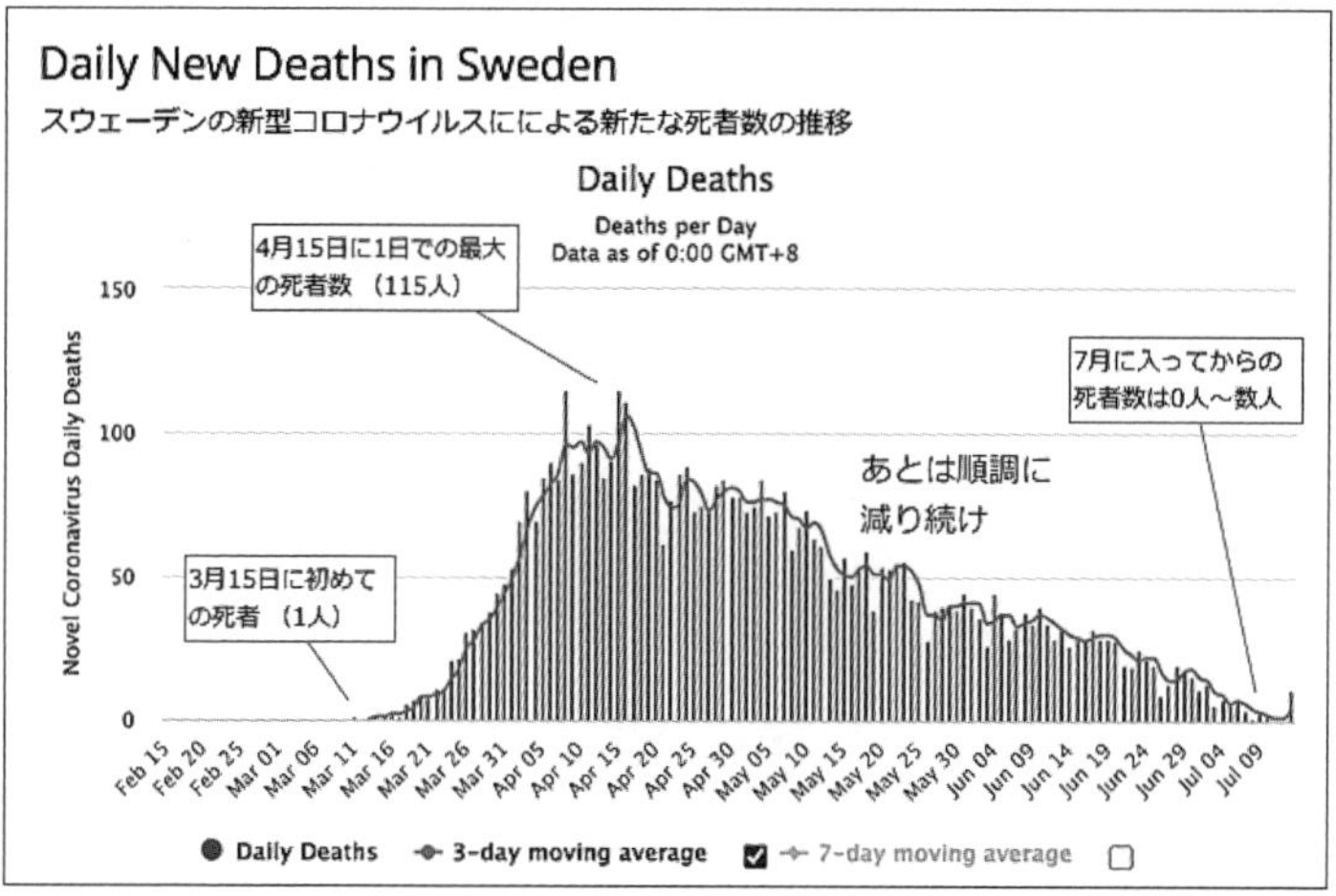

スウェーデンの新型コロナウイルスの死者数の推移　worldometers より

ーデン方式以外には考えられないです。

つまり、「最初から何にもしない」ことを徹底する。

スウェーデンの集団免疫の獲得という目標の概念そのものは、新型コロナウイルスの「抗体を持てない」という性質が判明すると共に、根本から崩壊してきているわけですが、「じゃあ、スウェーデンの病気の状況は悪化しているのか」といいますと、全然そんなことはなく、7月に入って、「新たな死者0」を記録して以来、連日死者が出ない日が続いており、「ものすごい勢いで死者が減っている」のです。

国家としての安全政策の根本は、たとえば、それが感染症対策なら、「国民の人命を守る」

ということにありますよね。

つまり、今の日本とか他の国のように「感染確認者〇〇人」とか、そんなことが、国の安全政策の根本ではないはずです。

「人命が大事」なのだとすれば、方法論が破綻していたとしても、今のところは結果が伴っている上に、社会システムを破壊しなかったスウェーデンの方法に問題があるとは思えません。

まして、スウェーデンは、バーやレストランやジムや娯楽や旅行や音楽イベントやスポーツイベントなどを強制的に自粛させて、多くの人たちを経済的に疲弊させたりしていないために、今後もメンタル疾患や自死などの悲劇は、少なくとも他の主要国よりは少ないと思われます。

他の主要国は、これからそれらの「嵐」が始まるはずです。

いずれにしましても、「人命を守るとはどういうことだったのか」ということは、もう少し慎重に考えてもいいことなのかなとは思います。

そして結局、この新型コロナウイルスという存在は社会に広く定着することになりそうで、つまりは、「ますます風邪ウイルスに近い」ものとなってきています。ある時期になると流行して、落ち着くことがあるけれど、また流行を繰り返すというような。

どちらも長く続く抗体ができないですから、こういうことは摂理であり、仕方ないことだとも思われます。ここには共存以外の方法はないはずです。

結局、新型コロナウイルスと社会は長い付き合いにならざるを得ないのですから、「社会を健全に保ちながら正しく付き合う方法」をもう少し合理的に考えたほうがいいのではないかと。

今のままだと、この世が終わってしまいます。

さて、そんなわけで、少し話が逸れましたけれど、「新型コロナウイルスと抗体」の関係について、医学誌ランセットや科学誌ネイチャーに掲載された論文などからまとめていた米ビジネスインサイダーの記事をご紹介します。

新型コロナウイルスの抗体は、多くの場合、ほんの数カ月後には消えてしまうようだ。しかし、パニックになる必要はない。

Business Insider　2020年7月14日

新型コロナウイルスについて残る多くの疑問の中で、最も重要なものの一つに、次のものがある。

それは「免疫」の問題だ。

たとえば、麻疹やA型肝炎などの一部の疾患では、感染症は一つの抗体で対処ができる。たとえば、一度それらの病気にかかって回復した場合、一生その免疫を持つことができる。

では、新型コロナウイルスの場合はどうなのだろう。

米ニューヨークにあるマウントサイナイ・アイカーン医科大学のワクチン専門医であるフロリアン・クランマー氏は、我々に以下のように述べる。

「コロナウイルスの場合はそうではないのです。一度感染した人でも、免疫力が低下すると、繰り返し感染する可能性があるのです」

最近になり、新型コロナウイルスの免疫をめぐるさまざまな研究の状況は、険しい方向に収束していこうとしている。コロナウイルスは、抗体を獲得してもその抗体を長く維持できない可能性が高いのだ。

7月6日に医学誌ランセットに掲載されたスペインからの研究は、一部の新型コロナウイルスの患者では、抗体が3〜5週間しか持続しない可能性があることを示唆した。

7月11日に英国の研究者たちにより発表された予備的な研究では、新型コロナウイルスの抗体の持続期間は3カ月未満である可能性が示された。つまり、新型コロナウイルスに感染して回復したとしても、その抗体は最大でも3カ月程度で消滅してしまうことが示されているのだ。

この問題の一つには「ワクチン」の問題がある。

ワクチンというものの有効性は、弱められたウイルスなどの投与が、接種を受けた人の体に対して、将来のその感染症から守ってくれる抗体を生成させることができるという考えに立っている。

なので、今回のような「抗体が早期に消えてしまう」というような発見はワクチンの開発に確実に影響を及ぼす。つまり、新型コロナウイルスの抗体による保護が、一時的なものであるならば、ワクチンによる保護も一時的なものになる可能性があるためだ。

それと共に、抗体の持続時間が短いことは、広範な集団免疫や社会的免疫の獲得という希望にも大きな壁となってしまう。しかし、一部の専門家たちは、だからといって、パニックになることはないと言う。私たち人間の体の免疫は、抗体と関係しているだけではないからだ。

抗体の持続期間は数週間から数カ月

今年4月、米国立アレルギー・感染症研究所の所長であるファウチ博士は、秋には多くの人たちに免疫ができ、保護されると仮定していた。

しかし、今回の英国の研究は、新型コロナウイルスの抗体の持続期間が非常に短い証拠を示している。

この英国の研究では、94日間にわたって90人を超える新型コロナウイルス患者の抗体を検査した。

その結果、感染から3週間後に「強力な」抗体反応を獲得したのは、すべての患者のうちのわずか60％だった。さらには、その数週間後に抗体を維持していたのは、患者のうちのわずか17％だったとガーディアンは報じている。

他の患者では、感染後3カ月以内に抗体レベルが大きく低下するか、まったく検出することができなくなった。つまり、3カ月以内にほとんどの元患者たちの抗体が消えてしまったのだ。

6月にネイチャーに発表された別の研究でも、同様の結果が見出されている。

研究者たちは、中国で新型コロナウイルスから回復した37人を対象に抗体検査を行い、同時に、新型コロナウイルスに陽性であるが、無症状だった37人にもテストを行った。

その結果、回復後約8週間で、無症状の人の40%、症状のある人の13%で、検出できないレベルまで抗体が低下した。

医学誌ランセットに掲載されたスペインでの最近の調査では、5人に1人が5週間以内に検出可能なレベルの抗体を失ったことがわかっている。

免疫の消失は、症状のあった人もなかった人でもどちらでも起きていた。

研究の共著者の一人であるラクエル・ヨッティ氏は記者会見で、「新型コロナウイルスの免疫は不完全で、一過性である可能性があります。その持続期間は、ほんの少しで、その後消滅してしまう可能性があるようなのです」と述べた。

ウイルスに対する免疫は抗体だけに関係しているわけではない

しかし、これらの抗体レベルの低下や消失に関する調査結果から過度の懸念が引き起こされるべきではない理由としては、人間の免疫はこれら抗体にだけに依存するだけではないということがある。

たとえば、白血球は侵入したウイルスが戻ってきた場合にそれを特定して攻撃するのに役立つ印象的な免疫学的記憶を持っている。T細胞（免疫細胞）は感染した細胞を破壊する可能性があり、B細胞は新しい抗体を産生する働きをする。

専門家たちは、「仮に新型コロナウイルスに再感染したとしても、再感染の際には弱毒化した病気になるだろう。B細胞とT細胞は感染したウイルスを覚えており、迅速に反応するので、最初の場合ほど重症にはならないはずだ」と述べる。

記事の後半のほうに「T細胞などの免疫細胞があるから大丈夫」というようなフレーズが出てきますが、この新型コロナウイルスというのは、「免疫細胞を攻撃する」のですね。ですので、新型コロナウイルスの場合は、特に免疫細胞の生成が盛んではない高齢者などの場合は、「完全に免疫不全となる」場合があり、高齢者に重症者が多いのはそれが理由だと思われます。

逆に、子どもや若者は、T細胞などの免疫細胞を作り出す胸腺の働きが活発ですので、症状が出ることは少ないはずです。

若い人たちが感染してもほぼ症状が出ないのはそのためです。

これは再感染しても同じだと思います。ウイルスが今のままの状態であれば、おそらく、若い人たちは、基礎疾患がないのであれば、何も恐がることはないです。

なお、今回ご紹介した「新型コロナウイルスが免疫を獲得しにくい」ということについては、2月くらいからの中国の調査でも少しずつ疑われていたもので、今となって、世界的な合意となったということになると思います。

いずれにしても、こういうようなことが確定しつつある今、社会は、このウイルスと、どのように向き合えばいいのか、そして「どのように共存していくのか」ということについては、ある程度大胆に考え方を変更させていくしかないのではないかとも思います。

それとも、「新しい生活」ということで、これから何百年も何十世代も、マスクをしてソーシャルディスタンスを守って生きていくということですかね。

それではこの社会はもちませんん。人為的な文明の滅亡に進むだけです。

Part 11

ウェブボットの予測とコロナ禍の今があまりに似ている!?

キーワード抽出、クリフ・ハイの方法論による分析

浅川　あなたにちょっと聞いておきたいんだけど、ウェブボットとはどういうものですか。

岡　これはもともとヤスさんが訳されたものです。

高島康司さんという作家の方がいらっしゃって、僕はその人の本を10年ぐらい前に買ったんです。

ウェブボットというのは、信憑性云々はともかくとして、アメリカの人がやっているものです。

これはあまりいいやり方じゃないんでしょうけど、インターネットのボットというのは、情報を収集するようなものをウェブ上に作って、例えば、どんな人たちがどんなことをSNSに書き込みをしていたかということを収集しているものなんですよ。

浅川　じゃ、誰が書いてもいいんですか。

岡　日本語版は高島康司さんという方なんですけど、もともとはアメリカのクリフ・ハイという人が書いていました。

高島康司さんはボットのことに詳しいので、翻訳できると思います。

浅川　高島康司さんという人が、アメリカ人の言ったことを翻訳したということですか。

岡　そうです。

アメリカ人の言ったことの情報が、掲示板とかいろんなところに投稿がありますよね。そこに一番出ていたキーワードを抽出する。例えば「内戦」というキーワードが多かったら、「内戦」と出てくるということです。

そのキーワードを抽出して文章にまとめたのがウェブボットです。

これは10年前のものですが、今の状態に非常に似ていると思うんです。

浅川　ここに書いてあることは、まさにそうじゃない。

岡　去年ぐらいにふと思い出して読み返したら、今の状況とそっくりなんですよ。

浅川　コロナに関しては、まさにそのままでしょう。

岡　10年前にアメリカの人たちが、いろんな掲示板とかSNSに投稿した中の一番多いキーワードがここに抽出されている感じなんですよ。

10年前からこういうキーワードはあったんだなという感じはしますね。

浅川　これを見る分には、「アメリカ国民にとっての2009年の地獄の夏は」というのは、今回起きていることと同じですね。

岡　怒りの爆発とか、これから経験する経済の停滞はすごいとか、2020年といって全く間違いないと思うんです。

浅川　しかも「秋口から11月初旬にかけて、市場においてアメリカ国民がパニック状態になることをデータは示している」と。

岡　そういうことが一般の人たちの投稿から抽出されたのが、10年前のデータなんですよ。

クリフ・ハイという人はちょっと変わった人で、アメリカ人が何を欲しているかということを常に考えて、根本的にアメリカは変革を望んでいるんじゃないかと思っていたみたいです。

それは内戦かもしれないし、そうじゃないかもしれない。

結局アメリカはバラバラになって、「大草原の小さな家」みたいに、それぞれの農業で暮らすような小さなものに戻っていくという理想があるから、こういう書き方になっているんですけど、似ているなと思って。

浅川　あまりにも似てるよね。

岡　今の状況にすごく似ていると思います。

その後どうなるかというと、ウェブボットでは「滅びる」というキーワードはないんですけど、アメリカはそれぞれがバラバラになって、その中で若い人たちは田舎に行って、自給自足経済で自分の生活圏をつくり始めるみたいなことが書かれている。

もちろん中央政府はどんどん崩壊していくわけです。

クリフ・ハイというのはすごい陰謀論の人で、アメリカは影の支配勢力に牛耳られていると思い込んでいる。

影の支配勢力の悪事が全てあからさまに出てくるというのはあまり書いていないので、悪事と言われても、ちょっとわからない部分がある。

あと、バチカンが崩壊する。

バチカンも悪事を働いていたという記事がありますね。

――ホワイトハットとかQアノンとか、いろいろな情報が出てくる中で、バチカンの人も結構粛清されていると出ていますね。

浅川　私が昔から記憶に残っているのは、「やがて法王がバチカンを離れるときが来る。それが最後のときだ」という一文です。

――ファティマ第三の予言は、法王への予言だったみたいですね。

浅川　ファティマの予言、懐かしい言葉だね（笑）。

――いっとき熱気を持って語られましたものね。

東京オリンピック、金融、経済、人類の未来……。新型コロナウイルス流行後の世界は？　そのオカルト的予測

In Deep　2020年2月25日

11年前のウェブボットにあらわされていた光景

新型コロナウイルスと関連するソーシャルネットの動画などを見ていて、ふと、「ああ、この光景は」と思わせるものがいくつか出てきます。

たとえば、イランでも深刻な新型コロナウイルスの流行が起きていますが、そのイランから投稿されたもののひとつもそうです。

イランの感染に関して、イラン当局は、感染確認者数が60人というように発表していますが、死者数は12人と発表しています。これだと致死率が20％になってしまうので、おそらく、イランでの感染は、公式発表より大幅に拡大していると日本経済新聞は推測しています。

通常の挨拶は抱擁であるイランで友人同士が「お辞儀する」光景

そのイランから、ツイッターに以下のような動画が投稿されていました。イランあるいは中東では、男性の知人同士が会った際には、一般的に「お互いに力強く抱きしめ合う」というのが普通です。

ところが、この動画では、イラン人の男性が「お辞儀している」のです。

以下はその様子の動画です。普通は「手によるハイタッチ→抱擁」という流れの挨拶をする人たちが、お辞儀して足でタッチしているのです。

https://youtube.com/watch?=CKeA8Bj3FME

これを見まして、「ああ、現実化すると、こういうような様子なのか」と、11年前の記述を思い出していました。それは、アメリカの未来予測プロジェクトであるウェブボットの２００９年９月に配信された文書の中の以下の部分です。

２００９年9月15日配信のウェブボットより

・生物化学兵器の一環としてウイルスがばらまかれ病気が蔓延するが、これに伴い人々の挨拶の方法が根本的に変化する。ウイルスが人間との接触を媒介にして感染する可能性があるため、握手や抱擁、そしてキスといったような直接的な接触を避けるようになる。この結果、日本文化が世界中で取り入れられ、お辞儀が挨拶の一般的なスタイルになる。

まあ、新型コロナウイルスは生物化学兵器ではないですが、とにかく蔓延はしています。

ちなみに、この後の記述は以下のようなものになっています。

・日本では古代の日本文化のいわばルネッサンスのようなことが起こり、お辞儀などの伝統的な風習に込められた深いニュアンスや、その象徴的な意味が再認識されるようになる。これは世界に広められる。

この新型コロナウイルスの流行によって、日本で古代の日本文化を再認識するようになるかどうかはわからないですが、少なくとも、イランの先ほどの動画を見まして、おそらく、この「挨拶をお辞儀で行う」という習慣がイラン全体で広がっているのだろうなと思います。

ウェブボットの、「お辞儀が挨拶の一般的なスタイルになる」ということが現実になっているのだなと実感します。

なお、この「日常の挨拶がお辞儀だけ」というスタイルの習慣は、私たち日本人が想像しているより、はるかに「世界的には異様なこと」で、いかなる状況でも、お辞儀だけで挨拶を済ませている民族を他に私は思い浮かべることができません。

日本人で、友人と会って、あるいはビジネスの相手と会って、強く抱擁する男の人たちはまずいないでしょう。握手も稀だと思います。

日本の習慣というのは、他もいろいろと含めて、本当に国際的に奇異なんですよ。

私はそこが好きなところでもあります。

なお、この2009年のウェブボットの「世界の予測」は、2009年から2010年にかけて世界で起きるであろうことを予測した文書ですけれど、当時は、「ちっとも当たらなかった」のですね。

しかし私は、ウェブボットの主催者であるクリフ・ハイという人の「ひねくれた理想論」がとても好きで、よく読み返していました。

そうしましたところ、昨年、つまり2019年になってから、「2009年のウェブボットにあった記述が次々と実現している」ことに気づきだしたのです。

その中で2019年3月には、「同じ世界に生きている異なったふたつの人類」というメルマガの号で、その2009年のウェブボットに書かれていることを抜粋して、2019年から2020年の「予測」をしてみようという試みを行いました。

もちろん、それは娯楽でありオカルトであり、科学の世界でもリアルな話でもありません。

しかし、今回の「お辞儀」もそうですが、その頃のウェブボットを読みますと、「まるで今のことを描写しているようだ」と思われる光景が他にも続々と出てきます。

たとえば、以下のような記述もありました。

2009年2月14日配信のウェブボットより

・天候異変や気象異常はファッションや衣服に大きな影響を及ぼす。人々はこれに対応するために、マスクをかけて顔を隠すので、誰が誰だか判別できなくなる。この顔が判別できないという新しい衣服の特性は支配勢力に衝撃を与える。
・また、顔を完全に隠してしまうこのような衣服は、病気の感染から身を守る必要からも流行する。

2009年2月14日配信のウェブボットより

・フロアの閉鎖というキーワードと関連があるのはホテルにはとどまらない。春から夏にかけて多くの医療施設で同じような閉鎖や縮小が発生する。これにより、全世界的な規模での「病気の発生」に対応できなくなるので、甚大な問題が起こる。

最終的には翌年にかけて、世界はどのようになってしまうかといいますと、以下のように予測されていました。

2009年7月20日配信のウェブボットより

・ハイパーインフレーションと病気が蔓延するにしたがい、特に先進国で社会のインフラが機能しなくなる事態が発生する。それは、電力、燃料の供給、医療関係のインフラである。また公共の場所での集会もできなくなる。

・当局による居住地の管理や移動の制限はもはや問題ではなくなる。民衆は経済的な混乱や病気の蔓延による家族の死、そしてインフラの機能停止を当局の責任と考えて、怒りを爆発させる。

そして、当時の記述で最近、気になったのは以下のものでした。

2009年9月15日配信のウェブボットより

・1月から2月にかけて、豚インフルエンザが致死率のはるかに高い強毒性の菌に進化する。

・またこの進化したインフルエンザは、オリンピックで蔓延し、そこからあらゆる地域に拡散するとのデータもある。

ここには、豚インフルエンザとありますが、これを新型コロナウイルスと置き換えれば、「東京2020」を思わせてくれます。

このタイムの記事は、非常に長いものですが、要点の部分だけ抜粋しますと、以下のようなことが書かれてあります。

東京オリンピック２０２０が新型コロナウイルスの犠牲者になってしまう可能性はあるのだろうか？
Could the 2020 Tokyo Olympics Be a Victim of COVID-19?
ＴＩＭＥ　２０２０年２月20日

今年の最大のイベントのひとつである7月24日から東京で開催される２０２０年オリンピックに対して、様々な憶測が高まっている。

日本は新型コロナウイルスＣＯＶＩＤ－19に関して、世界で2番目に高い感染確認者数となっているが、しかし、オリンピックの聖火リレーは来月から始まり、１２１日間で日本の47都道府県すべてを横断することになっている。

現時点でアジア全体からの日本への訪問者数が大きく減少しているが、この点からも、オリンピックの訪問者数が控えめになるリスクが想定される。日本は2019年には、中国から960万人の観光客を受け入れた。中国人の支出は、すべての外国人観光客の支出の3分の1を占めていた。

しかし現在、中国人の日本への入国は流行以来実質的に停止している。日本の公共放送局NHKによると、東京2020組織委員会の最高責任者である武藤敏郎氏は2月5日に、「感染症の蔓延が大会に向けた勢いに冷水を投じることを非常に心配している」と述べた。

それ以来、オリンピックに関しての憶測が高まったため、組織委員会の森喜朗会長は2月13日に、「大会の中止や延期の検討はしていません。それを明確にさせてください」と主張した。

元オリンピック選手であり、国際オリンピック委員会のメンバーであるディック・パウンド氏は、TIMEに、「仮に、致命的である可能性のある正当なパンデミックとなった場合、オリンピックについて考え始める必要はあると思います。しかし、今はその段階ではありません」と述べた。

森氏の自信は、2003年のSARSのように、新型コロナウイルスが、暖かくなるにつれて感染拡大が減少していくという予測による。しかし、ミネソタ大学の疫学者であるマイケル・オスターホルム教授は、新型コロナウイルスの流行が夏までに収まるという理論は、「単に希望的観測に基づいているものであり、それをサポートするデータはありません」と述べる。

オリンピックが中止、または他の会場への移転を余儀なくされた場合、日本への経済的影響を想定するのは難しい。このイベントを取り巻く投資は膨大なのだ。東京オリンピックの費用は250億ドル以上（※日本の報道では3兆円）に設定されている。最新の予測によると、これは元の推定値のほぼ4倍だ。

調査会社CBREホテルズによると、2019年から2021年の間に、日本の9つの主要都市に8万部屋のホテルルームがオープンすると予測された。10億ドル（1100億円）の改装を経て、9月に東京のホテルオークラが営業を再開した。5月、日本航空は、オリンピックを取り巻く需要の増加に対応するために、約2億ドル（220億円）の資金で低コストの子会社ジップエア・トーキョーを立ち上げる予定だ。

現在、東京の成田国際空港は、ほぼ2倍のキャパシティに拡張している。

新型コロナウイルスは、現時点ですでに、中国以外の海外からの日本への訪問者も遠ざけている。キャピタルエコノミクスの調査によると、日本を訪れる観光客の数は、新型コロナウイルスにより、今四半期は40％減少し、成長率は０・４ポイント低下する。

国連の国際民間航空機関は、日本が同じ期間に観光収入で12億９０００万ドル（１４３０億円）を失う可能性があると予測している。

仮に、オリンピックが中止や延期、あるいは会場変更などになった場合は「経済的な損失は非常に大変なものになる」ようです。

記事には「日本は、世界で2番目に高い感染確認者数」とありますが、その後、韓国で感染確認者が急増して、韓国が日本を抜き2番目となりましたけれど、そういうことは、もはや問題ではないです。

この記事を読むまで知りませんでしたが、東京オリンピックの予算って、３兆円とかになっているんですね。

その上、各地でホテルが建築されていて、羽田空港なども拡張させている中で、今回のようなことが起きてしまったようです。つまり「誰も観光客が来ない」ということになってしまったわけです。

こういう意味では、もし、春から夏までに感染拡大が止まらなかった場合、経済的に、世界で新型コロナウイルスの影響を最も受けてしまう国のひとつが日本ということになってしまうのかもしれません。

現時点では、感染流行の先行きを予測できる人はいないので、オリンピックが始まる7月までにどのようなことになっているかは、今は何ともいえないですが、仮に流行がある程度収束していたとしても、オリンピックへの影響はかなり強く出そうです。

なお、これは今年の予測とは関係ないですが、先ほど取り上げましたウェブボットについて、昨年のメルマガで取り上げました「2009年から2010年に起きるとされていたこと」をいくつかご紹介したいと思います。昨年の私は、これと似たようなことが、2019年から2020年に起きるのかもしれないと何となく思った次第です。

もちろん、先ほども書きましたように、これは「予測」ではなく、娯楽的あるいはオカルト的なものと考えていただければ幸いです。

つまり、あまり気になさらないでほしいということです。

ウェブボットの「市場」の予測

春から夏にかけて、失業率は世界的に高まる。そして秋になると実際の失業率は公式発表の2倍を超えるようになる。

物資の欠乏は世界のより豊かな国々を直撃する。物資の欠乏は「革命」と「変容」という2つのキーワードに結びついている。

物資の不足が製薬産業を直撃する。医薬品の欠乏は世界の国々を直撃し、医薬品の物流システムが止まってしまう。特にこれは精神病薬の欠乏を生み、深刻な問題となる。

これは「太陽の病」「精神病」「逆上する人々」「集団的異常行動」というキーワードと結びついているが、これから半年以内に発生する「処方箋を必要とする薬の流通システムの崩壊」という事態の重要な要素である。

こうした事態が発生するおもな原因は物資が不足することである。これにより、多くの人々が精神薬の依存から脱することを余儀なくさせられる。

先進国で物資の欠乏は、ジャストインタイムシステムと呼ばれる、時間どおりに配送する流通システムに甚大な影響を与える。特に食品の流通への影響は深刻で、アメリカでは大陸間の食品流通システムが完全に停止してしまう。

3月から始まるデリバティブの急速な縮小で、いくつかの企業や組織、また大金持ちの個人が破綻する。この破綻によってデリバティブの崩壊はいっそう進み、デリバティブというビジネス全体が破綻するにいたる。

また、この年に始まる通貨危機は、世界的な農業生産のシステムに大きな影響を与えるとのデータがある。

「飢饉」や「飢餓」、「物資の欠乏」というキーワードが大きい。われわれのデータからみると、この年にはどこに住んでいようが、世界の民衆はなんらかの形の物資の欠乏を経験することになるようだ。

ウェブボットの「人類の変容」の予測

この年は、変化が急激なので、これまでの現実の見方を新しい現実に適応させることに難しさを感じる人々が出てくる。

このような「時間の圧力が増す」感覚がこの年にどんどん加速する。それは「変容」が進んでいるからである。われわれのデータでは、「変容」の影響を逃れることのできる地域は世界には存在しない。「変容」は人々の人生のあらゆる側面を覆うようになる。

これにともない、あらゆる人々が、すぐに行動しなければならないという「圧力」を感じるようになる。この感覚は、個人にいたるまでのレベルで感じられるようになる。

この年は「古いもの」の「破壊」と「解体」が進む年だ。この転換は個人の態度に大きな変化をもたらすが、それはおもに個人と宇宙との関係が変化するからに他ならない。

こうした変化によって、多くの人々は現在の資本主義を放棄するにいたる。このような変化により、既成の価値観がひっくり返り、社会契約が崩壊するのをきっかけとして起こる。

ドルが死に、富の破壊が進むにつれ、人々は貨幣や通貨に対する子供じみた執着を捨てるようになる。社会秩序が崩壊する変容の過程で、人々は古い社会集団に代わる様々な新しい社会集団を形成するようになる。このような社会集団は「新しい家族」を含む。

多くの人々が食糧難に直面する。食糧難の原因は、風向パターンの変化、宇宙からの未知のエネルギーの放射、そして紫外線の増大などである。食糧難は他の様々なキーワードとの関連で起こってくる複雑な現象である。

要するに、「激動の時代を迎えるけれど、その先は新しい人類の価値観が生まれるのかもしれない」というようなことですが、その過程の中で、既存のシステムに徹底した破壊が起きていくことを、ウェブボットは何度も語っています。

現在起きている新型コロナウイルスの経済への影響が、そのようなことと関係しているかどうかはともかく、日本も世界も相当厳しい場所に置かれていること自体は事実かもしれません。

Part 12

頂点は日本です！
だから、
浄化も一番激しいと
覚悟しなさい！

浅川氏の新刊本に「邪魔」が入った⁉

浅川　明窓出版からこの本（『浅川嘉富・保江邦夫　令和弐年天命会談』）を出版するに当たって、送られてきた原稿に手を加えている最中に、突然パソコンの状態がおかしくなって、起動させるのに大変な時間がかかるようになったんです。1時間半から時には2時間近くもかかったんです。起動させるためのキーワードを入力することができなくなってしまったからです。

何十回かキーを打ち続けた後、電源を切って再起動させ再び入力。途中で一休憩してこうしたことを繰り返すこと二十数回。諦めかけたその瞬間、なぜか正常な状態に戻って動き出すんです。そんなことがあって、3〜4日あれば完成するはずの原稿の修正に、なんと2週間近くかかってしまったんです。

ところが修正し終わった原稿を夜半過ぎに出版社の社長に送った翌朝には、なんとパソコンの状態は正常に戻っていたんです。その瞬間、私は邪魔が入っていたんだなと気づいたんです。

邪魔をした存在は著書の中で保江先生が厳しく批判しておられた学会の関係者だった可能性は大です。対談の中で保江先生は、今皇室をダメにしているのは学会だ。皇室の事務方の9割は学会員で、学会の中で東大を卒業した人間の中のトップクラスをどんどん入れているので、今までいた人たちが相手にされなくなってしまったことを語っていましたから。

しかし、私が独自の力で乗り切ったくらいですから、邪魔を入れてきた輩が高いレベルの存在でなかったことは確かです（笑）。

邪魔をした存在がレベルの低い存在だったことから、こうした動きを私の守護霊となって頂いている金龍様がご覧になられて、この程度のことなら浅川は乗り切れるだろうと判断されたようで、一切手出しはなさらなかったようです。

こうした流れの中で私が頑張って苦難を乗り越えれば、それだけ本の持つエネルギーが高くなりますから、今回のトラブルにはありがたい面もあったのです。

だから、さっき言ったように、この本はものすごく波動が高いんです。

――これはベストセラーに入っていましたね。

岡　対談本がベストセラーになることは、あまりないんですよ。

今度の富士山噴火は、五合目から上が吹き飛ぶ!?

――ここ小淵沢（八ヶ岳山麓）は富士山が噴火した際にあまり影響を受けないで済むんですか。

浅川　西風で一番やられるのは富士の東側に位置している神奈川、東京です。この辺りは富士山の西北に位置していますから、比較的被害は少ないと思います。

なぜ私が次の富士山の噴火の際には五合目から上がなくなると言うのか。

13～14年前に、今でも霊視の力を持った女性からいろいろと興味深い話を聞かされた中で今でも記憶に残っているのは、今度起きる富士山の噴火は、「本格化する世界の噴火の先駆けとなる」、という言葉です。

そんな話が記憶に残っているときに全然別の女性が徳之蔵に来られて、浅川先生は富士の噴火のことを前から言われているけど、実はその噴火は尋常な噴火ではなく、「5合目から上がなくなるんですよ」、と言うんです。

岡　カルデラ噴火みたいなやつかな。

浅川　最初は、「宝永の噴火」みたいに中腹から出るらしいですよ。

しかし、それはきっかけであって、その後は現在の火口から出るようです。

岡　富士山もそうなんですけど、破局噴火という一番怖い世界になっちゃって、カルデラ噴火が起こる可能性はほぼないと言われていても、7000年前ぐらいに起きている。

だから、何万年かに一回は必ず起きるものであって、そうなってくると、関東一円は厳しいと思いますね。

浅川　東京、神奈川は人が生活できなくなるのではないかと思います。

岡　普通の噴火だと、灰は確かに降るかもしれないけど、生活が続けられる範囲で済む。だけど、破局噴火だと相当きついかもしれない。

浅川　その女性が言うのは、そういうことのようです。

岡　上の半分がなくなると聞くと、そんな感じのニュアンスがないでもないですね。

浅川　その女性は、五合目から上がなくなるというのは、霊感で受けたのではないと言う。実はかつては五合目近くに神社があった。

それを知っていたプロとアマチュア2人が必死になってその神社の跡を探っていたら、そのくずれた建物の中からある書き物が発見され、その中に、富士の噴火の10のうち9つまでは既に起きたことが書かれており、最後のところに、これから先に起きる噴火は五合目から上がなくなると書いてあったというのです。

それはかなり確率の高い話だと思います。

岡　富士山でカルデラ噴火が起こると、関東全体的にきついかもしれないですね。

浅川　私がその女性から言われたのは、その時、世界中の火山が一斉に噴火する、その先駆けとなるのが富士の噴火だと。

岡　ルドルフ・シュタイナーという人の火山の噴火の頂点は日本だという記事は4～5年前ですよ。

それを読んだときに、へえっと思った。
日本が頂点という以上のことは書いていないけど、火山の系統として日本が頂点になるらしいんですね。

浅川　どうやらそれは世界の噴火の先駆けとなる富士の噴火を伝えているようですね。

岡　日本が頂点というのは、本にも、もちろん出ているんです。

浅川　頂点というのは、いろんな意味があると思うんだけども、要は富士山が世界の活火山の親分だということではないでしょうか。

岡　地球を分割して考えると、「頂点は日本です」と一言書いてある。
それだけなんです。しかし、それはすごく強い言葉です。

浅川　日本が噴火の頂点？　おもしろい表現ですね。

岡　噴火とは言っていない。地図の火山の分布で「日本は頂点です」と書いているだけなんですよ。必ずしも日本の噴火から全てが始まると言っているわけじゃないんです。

浅川　その程度のことしか書いてないけど、マウント富士は頂点にいることは間違いないです。
神的な意味の頂点でもあるんです。
だから、富士の噴火が起きたときには、世界の噴火がそれに追随して一斉に起きる。
北海道の講演でそんな話をしたとき、世界の噴火の先駆けとなるというのは、日本の噴火の

噴火が近づいてる富士山

北海道の十勝岳。訪れたときには噴煙が上がっていた

先駆けともなるから、富士が噴火したら北海道も九州も一斉だよと言ったんです。

その話の後、私がある人に案内してもらって美瑛や富良野に写真を撮りに行ったとき、私が頼んでもいないのに、十勝岳の火口まで行ってくれたんです。

何で私の写真と関係ない火口に来たのと聞いたら、先生をここに連れてきてあげなきゃいかんと思ったからですと。

帰るときに飛行機の中で思ったのは、富士の噴火が起きた後、北海道で一番先に起きるのは十勝岳だ。

私は霊感とか霊視力はないから、そういう形で知らされる。

正しいかどうかはわからないけど、私はそう感じたのです。

そうでなきゃ、私がそんなところに連れていかれる訳がないです。

十勝岳というのは富良野、美瑛の近くで、旭川のちょっと東ですよね。

岡　2年前の北海道の地震は、私の実家に近いところで起こったので、こんなところでも地震が起こるんだなと思いました。

浅川　それも皆意味があって起きていることなんです。

岡　北海道は最近あまり噴火していない。今は九州が圧倒的に多いですね。

浅川　しかし、もし富士山が噴火したら、北海道も九州も一緒ですよ。日本列島の山々、世界中の火山が次々と噴火していくことになるのですから。

私（浅川）はあなたの「In Deep」しか読まない！

浅川　あなたのホームページの一日の閲覧者は何人ぐらいなの。

岡　僕はそういうのはあまりやらないので、正確にはわからないんです。

浅川　私はとにかく、ブログだとかホームページとかで、自分のもの以外は、あなたの「In Deep」しか読んだことがないんです。

岡　ありがとうございます。

浅川　やはり、私とあなたは縁があったんですね。縁の力というのは不思議だね。その縁の力で5年前の「中國共産党亡」と彫られた石の記事もホームページに書かせてもらったわけです。ほかのブログは見る気がしないんだよね。

岡　本当にありがたいです。逆に言ったら、誰にでも好かれようと思ってやっていないので、そうやって言っていただけるのはうれしいですね。

――ところで、先生の部屋に展示されているピラミッドの写真がすごいですね。観光客の姿が全く写っていませんね。

浅川　10年ほど前にピラミッドの近くでテロが起きたときに訪ねた際の写真です。

私はそういうニュースを見ると、すぐに飛び出すんです。

そういうときに行くと、こういう写真が撮れるのです。

観光客がいないから、ガイドとか守衛はおカネが入らない。だから、私がピラミッドの前に行って財布を出して数えるふりをすると、パッと集まってくる。

みんなに10ドル札を3枚づつくらい渡すと、ピラミッドに登らせてくれる。

上で引っ張る人間や後ろから尻を押してくれる人間もいる。

――この大ピラミッドの上に登ったんですか。

浅川　そう。それから地下へも潜ることができたんです。

普通、ピラミッドの地下へは潜れないですよ。

なぜか私の場合、そうしたことができるようになるんですよね。

日本の学者は偉そうに言っているけれども、ピラミッドの地下へ入って調査した学者は少ないです。

私にはそういうチャンスを上が与えてくれるんです。

エジプトの大ピラミッド。四面体とされているが、実際は四面の中央部がほんのわずかであるが内側に引っ込んでいて、8面体となっている。恐らく強度を保つ為にそうしたものと思われる。これも多くの人たちが知らないことである

――それが確認できたという人を初めて聞きました。地下は逆になっていると言いますね。

浅川　案内する男が、あなたは特別だから話すけれども、ピラミッドの下がどうなっているかは階段を降りていく最中にわかるようになりますよと。

そして、ピラミッドは縦横230メートル、高さが147メートルの4面体というけれども、4面体じゃない。8面体です。実際は四面の中央部が少し引っ込んでいるんです。

それは真上から写真を撮らないとわからない。

四つの壁面の真中をわずか引っ込めることによって、140メートルを越す高さの大ピラミッドが崩れないようになっているんです。

そんなことを5000年前にエジプト人が気がつくわけがない。たとえ気がついたとしても、そんなむずかしいピラミッドを建造できるわけがない。

あれはもっと古い時代に建造されたものだと私が言うのは、そういうことなんです。

ところが有名なピラミッド研究者が今でも三大ピラミッドは4000～4500年前にエジプトの王様によって建造されたと、言っているのですから困ったものです。4500年前には既に三大ピラミッドは存在しており、エジプト人たちは神様が造ったものだと信じて崇拝していたんです。

ＵＦＯはなぜ小淵沢に現れるのか

――八ヶ岳山麓一帯は何でＵＦＯの目撃率が高いんですか。

浅川　聖地だからです。

この地は特別なところなんですね。ただ、我々にはわからない。昔の八ヶ岳は日本の銀座だったと言われるくらいですから、多くの人々が住んでいた。聖地中の聖地だったようです。

――周辺から古い遺跡もいっぱい出てきてますね。ここは、日本どころか、世界で一番古い文明があったかもしれないと思われているところですよね。

岡　うらやましいですね。

浅川　部屋に展示しているあのナスカの写真も、世界でたった１枚しかない写真ですよ。存在すら知られていません。

科学者なんて何にもわかっていない。

なぜ私がそんな写真を撮ることができたのかといったら、この場所を知っているパイロットが当時ナスカ空港に２人いて、そのうちの１人が私に、あなたのやっていることは大変なこと

ナスカの地上絵①
一般に知られている地上絵から数キロメートル離れた山の側面には「ティラノサウルス」と思われる恐竜の姿が彫られている。その絵を見た人間は世界中で数人しかいない。もちろん、日本人では浅川氏だけだ

ナスカの地上絵②
世界には全く公表されていない地上絵。そこには巨大な滑走路状の模様が彫られている

だ、誰も絶対連れていかないけど、あなたには見せたいところがあると言って、セスナ機に乗せて見せてくれたんです。いや、驚きました。岩山に彫られたティラノサウルスとブラキオサウルスの姿を写真に撮っているときは頭の中は真っ白でした。

——山の斜面に、滑走路のような図形が真っすぐ延びているこの写真もとんでもない写真ですね。

浅川　日本の学者がナスカの地上絵を研究しにペルーに行っているけど、それはナスカ人が2000年前に描いたもの。私の撮影した写真はナスカ人なんか関係ない。ナスカ文明よりはるかに太古の超古代文明がつくったもの。

岡　次なるリセットの後にも、こういう形としては残るんですよね。

浅川　いや、今度は全て消えます。

岡　ほんとに残らなくなっちゃうんですか。

浅川　次なる3次元世界は新しい原始の地球に戻りますからね。

そしてサルとの共存から始まるんです。

人間は学ばない！　リセットされてもまた同じ……

――高島康司さんが紹介した『スピリットウォーカー』（ヴォイス）は、ハワイに住んでいるハンク・ウエスルマンという学者さんがその人の5000年後の未来世とつながって、お互いに見ている目の中で、現代文明をあっちの人が見、向こうの世界をその学者さんが見ているんですけど、5000年後に北米はほとんどジャングルです。あれにはちょっと衝撃を受けました。

浅川　要するに、5000年やそこらでは、人間が再生して間もなくです。
もう一回おまえたちにチャンスを与えてやるぞと言って人間が誕生するのも、地球が一回生まれ変わってからです。

――5000年後は、昔のインディアンの世界みたいですね。

浅川　部族同士でも争いがあったりして、全然進化していないのではないでしょうか。
人間は何十万年もかかって学んできたんだけど、結局そこまで学び切れなくて、原始の世界へ戻ることになってしまったんです。
それがもう一回チャンスを与えられても、また同じことを繰り返す可能性もあるのです。

上から見た金龍様が、人間というのは何と情けない、愚かな者どもよと言われるのはそのためです。

そうした人間に今生での最後の学びのチャンスを与えるために、さっき言ったように、富士山の火口の中に入って、自分の体を広げてマグマが上がってくるのを抑えてくださっている。そういう話をいいかげんに聞いておったら、ほんとにやられますよ。

岡　僕は、人間がそんなにひどいとは思わないんですけれども、考えられなくなるような社会になったということかな。

例えば縄文時代とか、昔の人間はそんなにひどくなかったと思うんです。

浅川　東大の先生が言うから間違いない、NHKが言うから正しいと、多くの人たちが皆信じ込まされちゃった。ですからいつになっても真実に目覚めないのです。

岡　この流れが止まらなさそうだったら、一回……。

浅川　リセットするしかないんですよ。

岡　先生が言われたように、中国とかアメリカとか、そういうところがおかしくなると、ほかの国も全部影響を受けてぐじゃぐじゃになる。

浅川　結局最後はリセットになるんですよ。ただ、死に方や滅び方があまりにも悲惨な状況になるのは、アメリカ、中国、イギリスといったところではないでしょうか。それはカルマの大きさによって違ってくるからです。

岡さんにもう一つお話ししておきたいことがあるのですが、それはアセンション（次元上昇）に関しての話です。地球の生まれ変わり、つまりリセットは遠からずして間違いなく起きると思いますが、そのリセットが起きる前にアセンションを起こさなければならないのです。そうしないと、高次元に行くべき人たちが行けませんから。

実はそれをやるのに今、必死になって準備しておられる人たちがいるんです。私は、宇宙の仕組みの中で星が新しく生まれ変わるときには、自動的にアセンションなる現象が起きて、3次元を卒業できた人たちは、高次元世界に旅立てるようになっているんだとばかり思っていたんです。

ところが、最近になって、どうもそんな甘いものではないかもしれないと、思うようになって来たのです。それは、人間がアセンションするには、人間の手でそのシステムを完成させる必要があるのだと言って、それに必死に取り組んでおられる人たちがいることを知ったからです。

それは、女性だけの7人ほどのグループなんですが、実はそんな人たちと数年前から縁ができていろいろと話を聞かされて来ていたんです。ただ、彼女たちから頂くメールはその内容が難しくて、よくわからない点が多々あるのですが、どうやらアセンション計画が最終段階に来ていることは間違いないようなので、一歩進んだ情報が得られたら岡さんにもお伝えしようかと思っています。

岡　よろしくお願いします。いずれにしろ、今日の話は、今はリセットなりアセンションが最終段階に来ているようだということですね。

浅川　あなたがやっていてもそう思うでしょう。

岡　そうですね。

――いろいろな人たちがいろいろ言うけれど、コロナという騒動を使って宇宙の意思が動き出したと言われる方が何人かいらっしゃいますね。

浅川　そういった見方もあり得るかもしれませんね。

――動きによっては、もっとひどい、強いウイルスのようなものが蔓延するかもしれませんね。

浅川　そうなる可能性もあり得ますね。

――下手をしたら年内に来ちゃう。

浅川　年末あたりにその可能性は高いかもしれませんから要注意ですね。

岡　まだまだひどくなっていくようだと大変ですね。

希望的なことは言い出しにくいですけれど、その先が、先生が言われるように一つのリセットだったら、それは仕方ないというか、そういうものかなと思います。

浅川　そうでなかったら地獄ですよ。

岡　そうかもしれませんね。

浅川　いずれにしろ、今の我々には自由が与えられなくなってきていることは事実です。そしてそれは私たちだけでなく、世界中の多くの人々が同じ環境に置かれているわけですから、もしも、これから先、このような異常な状況が長く続くようなら、長生きする意味がなくなってきますね。

それはそれとして、これから先、お互いに言うべきことは言い、為すべきことは為して、時の来るまで元気でやっていきましょう。

長い間、いろいろとお話しさせて頂きましたけれども、これから先、一日一日の変化の様子を見ていたら、私たちの話したことがどれだけ正鵠《せいこく》を得ていたかが、わかってくるのではないでしょうか。

今日は岡さんのように様々な面で貴重な情報をお持ちの方と、ゆっくりお話ができて楽しかったです。ありがとうございました。

浅川嘉富氏コラムより転載❹

（2020年6月14日掲載）

NHKテレビ、またまた歴史の嘘番組を放送 三大ピラミッド、エジプト人建造説

読者の中には、2020年6月、13日夜8：30からNHKのBS3チャンネルで放送された「大ピラミッド七つの謎」をご覧になられた方もおられたのではなかろうか。そこでは、エジプトのギザの台地に建つ三つのピラミッドは、今から4500年前の古王国時代のクフ王、カフラー王、メンカウラー王によって建造されたものであることが、明らかになったことが伝えられていた。

番組を見ているうちに、そうか、そういう建造方法で建造されたのか。ならばやっぱり三大ピラミッドはエジプトのファラオによって建造されたことは間違いなかったのだ、と思われた方もおられたのではなかろうか。万一、読者がそう思われたら大変だと思い、取り急ぎ、番組の伝えた大きな間違い、問題点をお伝えすることにした次第である。

番組では、近年発見されたパピルス文書（植物から造られた紙に残された文書）や、そ

ギザ台地に建造された三大ピラミッド（撮影者・浅川）
第一ピラミッドと第三ピラミッドの横には小さな付属ピラミッドが建っている。それがクフ王とメンカウラー王が建造したものなのだ

こに記された石の運搬方法、また、建造に従事した人々の住まいの跡などが紹介されていた。しかし、それらは大ピラミッドの建造に関するものではなく、大ピラミッドの隣に建造された、比較にならないほど小さな「付属ピラミッド」の建造に関するもので、三大ピラミッドとは何ら関係のないものだったのである。

最近、発見されたパピリスの残片に残された文書によると、クフ王のピラミッドの建造に要した年数は26〜27年となっているようであるが、そんなわずかな年数で、高さ147メートル（霞が関ビルの高さに匹敵）、周囲240メートル×4＝960メートル、積まれた石の数230万個から成る大ピラミッドが建造できるわけがない。それは大ピラミッ

第一ピラミッドの前に建つ著者 浅川氏
私の背の高さと比べれば、使われている石の大きさがおわかりになられるはずだ。大ピラミッドにはこうした巨石を含めて、なんと230万個の石が使われているのだ

ドに比べて何百分の1程度の小さな付属ピラミッドの建造に要する年数というの真相なのだ。

今回出版した『浅川嘉富・保江邦夫 令和弐年天命会談』中にも記しているが、重さが数10トンという巨大なキャップストーンを最上部に載せることなど、現代の最先端の建造技術をもってしてもできないとされているというのに、その巨石を147メートルの最頂部に載せることなど4500年前のエジプト人に出来るわけがない。

そうしたことがわからない考古学者と称される人間が、今もまだ、三大ピラミッドのファラオ建造説を主張しているのだから、なんともはや困ったことである。今ピラミッド周辺の発掘調査に関わっている考古学者たちが犯している一番の過ちは、三大ピラミッドは４５００年前に栄えた古王国時代のファラオたちによって建造されたものであるという考えを、前提に研究していることである。

その結果、今世紀最大の発見と大げさに言われている「パピルス文書」（次頁に掲載）についても、そこに記されているクフ王の名前や建造方法は、大ピラミッドに関するものだと思い込んでしまっているのである。しかし真実は、クフ王の時代には大ピラミッドもスフィンクスも既に存在しており、彼らはそれは神々によって建造されたものだとして、崇拝していたのである。

そして、国を統治する力を持つことができたクフ王が王位に就いた時、最大ピラミッドである第一ピラミッドの横に自分自身と王妃らのピラミッドを建造することになったのである。そして、その建造年数は在位期間内ということで、20～30年を目標にしたのではなかろうか。今回、パピルスに記されていた記録から、建造に要した年数が25～26年であったことが明らかとなったのが、それを示している。

発見されたパピルス文書の断片。番組では今世紀最大の発見と言っていたが、そこに書かれた内容をどう解釈するかによっては、地球と人類の歴史はとんでもない方向にもっていかれることになるのだ（写真はテレビ番組より）

シナイ半島の鉱山から発掘した青銅を使って作られた小さなノミで、230万個の巨石を切り取ったというのだから、あきれてものが言えない（テレビ番組より）

230万個の石はナイル川の反対側にある、はるか離れた場所から切り出しており、切り出すことだけでなく運ぶのも大変であったはずだ。その時、切り出しに使った道具（ノミ）は青銅であったとされている。その青銅を手に入れるため、彼らは海を渡ったシナイ半島にある鉱山に出向いて掘削していたのである。それは今回の番組でも伝えている。だとすると、ノミの製造だけでも大変な時間が掛かったはずである。

海を渡って遠く離れたシナイ半島の鉱山から青銅を入手してノミを作り、それで230万個の石を彫り出してナイル川を渡ってギザ台地に運ぶ。石の数は230個ではない、230万個である。石の重さとその大きさを考えたら、そんなことが出来るわけがないことが分かるはずだ。そうしたことは一切考えずに、パピルスにピラミッド建造のいきさつが記されていたというだけで、そのピラミッドが「大ピラミッド」だと決めてかかっているのだから、あきれてものが言えない。

彼らが造ったのは大ピラミッドの横にある、小さなピラミッド3基だったのである。繰り返しになるが古王国時代は日本では縄文時代であり、日本、エジプトのどちらも同じレベルの土器の器を使っており、エジプトの墓には日干し煉瓦が使われていたのである。

番組に出演し製作にも関わっていたはずのエジプト考古学者の河江肖剰《ゆきのり》氏は、こうした点について疑問に思うことはなかったのだろうか。発見されたパピルス文書を「大ピラミッド」を建造した太古の人々が書き残したものと、誤って信じている学者の言をそのまま鵜呑みにして、ＮＨＫの２時間番組の中でそれが真実であるがごとく伝えているのだから、困ったことだ。

そしてその罪は大きい。何十万人、何百万人という多くの視聴者に誤った歴史を、いかにも真実であるがごとく伝えたことになるからである。

そうした人物を使って歴史の嘘を放送し続けて来たのがＮＨＫという放送局なのだ。なんとも、恐ろしいことである。かって、臨死体験はまったくの嘘事で脳の錯覚現象であるとして、立花隆氏を使って放送したのと同じ誤りを、今回もまた繰り返しているのだからその罪は大きい。

こうして、日本人は嘘の歴史を教えられ、信じ込まされて来ているのである。日本人はＮＨＫが放送するのだから間違いはないはずだ、東大の先生が語るのだから真実に違いない、と思い込まされているのだからどうにもならない。それにしてもなんともはや、悲しいことである。

230万個の石を積み重ねて建造された大ピラミッドには、巨大な入口が作られていた
（撮影者・浅川）

大ピラミッドの内部には、長い階段が造られている。その作業も大変だったはずである（撮影者・浅川）

第一ピラミッドの横に造られた小さな３つの付属ピラミッド。
三つのピラミッドは皆崩れてしまっており、当時の建造技術がいかに低いものであったかがわかる。クフ王が26年かけて建造したのは実はこのピラミッドだったのだ（撮影者・浅川）

三大ピラミッドのエジプト・ファラオ建造説の過ちの詳細を記したら、1冊の本が必要になってくるので、今回はこれまでとしておくが、拙著『謎多き惑星地球《このほし》上／下』（問い合わせ先：ヒカルランド）をまだお読みになっておられない方には、ぜひ読んで頂きたい。しっかり読んで頂ければ、世に広がっている歴史の嘘が理解できるはずである。また、本を既にお持ちの方は、良い機会なので再度読み直して頂けたらと思っている。

シュタイナーが110年前に述べた「頂点は日本です」の意味

In Deep　2015年5月27日

神秘学での「日本の地理的な位置」

先日の記事では、宇宙の人の主張としてですが、「地球は恐怖によってのコントロール下にある」というようなことを書きました。
その人たちの言うところでは、宇宙には「人間の恐怖心を食べ物にしている」という、何だか形而上的な存在がいるようなんですが、それについて以下のように記されています。

『プレアデス＋かく語りき』より

地球において、恐怖の周波数が減少しはじめると、さまざまな宣伝が行われて恐怖心が増大されることになります。

彼らは、地球上で感情的な混乱を宣伝し、拡大するためのさまざまな装置を地球に埋め込んであります。感情的な混乱は彼らのところに送られ、それによって彼らは滋養を与えられます。

というような仕組みになっていることを宇宙の人は語ります。

「恐怖を拡散するためのネタ」は、いくらでもあるでしょうが、地震や火山噴火などの自然災害に関しての喧伝も、ある意味、「恐怖の喧伝」となり得るものなのかとも思います。

最近は、ちょうど、ルドルフ・シュタイナーの『天地の未来―地震・火山・戦争』（風濤社）という、災害や戦争と、人間や悪魔などの関係などについて書かれてある本を、途中まで読んでいるところでした。

それで、読んでいる途中に、シュタイナーの主張では、「日本は、地球の頂点に位置する」という記述があり、そういう発想があったことを知りませんでしたので、ご紹介したいと思います。

まあ、そういう記述があったからどうしたと言われればそれまでなのですが、シュタイナーの本を読んでいて、これまで「日本」という単語さえ出てきたのを見たことがなかったのに、いきなり「頂点」とか言われて、少しビックリしたのでした。

これは、シュタイナーが「地球の本当の形」について述べているときに出てきた言葉ですが、シュタイナーは、「地球は、球体ではなく、四面体だ」と言っていて、このあたり、ややこしい面もありますので、図で少し解説しておきたいと思います。

四面体というのは、一般的には左のような形をいいます。

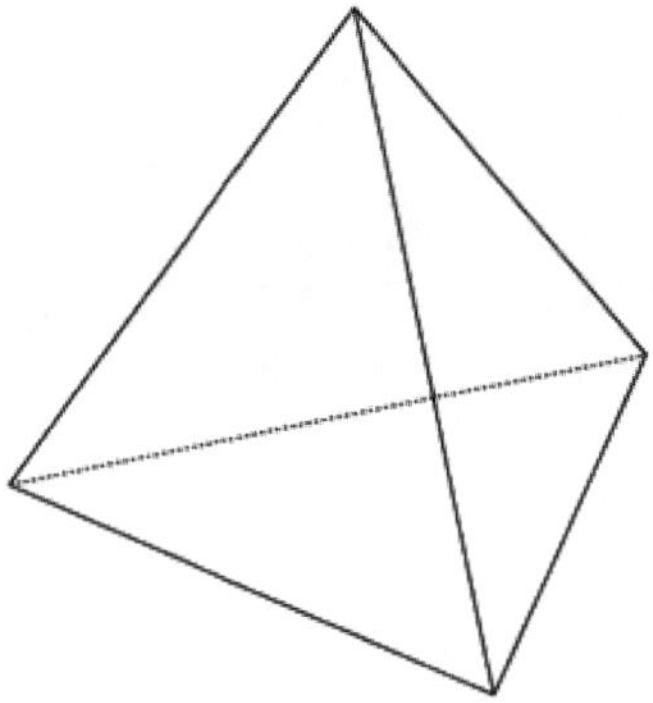
正四面体

シュタイナーによると、「これらの三角形の平面をいくらか湾曲させ」たものが、地球の形であるようです。
以下は講演の際にシュタイナーが書いたとされる黒板での説明の実物か、あるいは、図を再現したものだと思われます。
中央に描かれているのが、シュタイナーの言う地球となります。
地球で日本が頂点に位置する、ということについては、その部分だけを抜粋しても、よくわからないと思

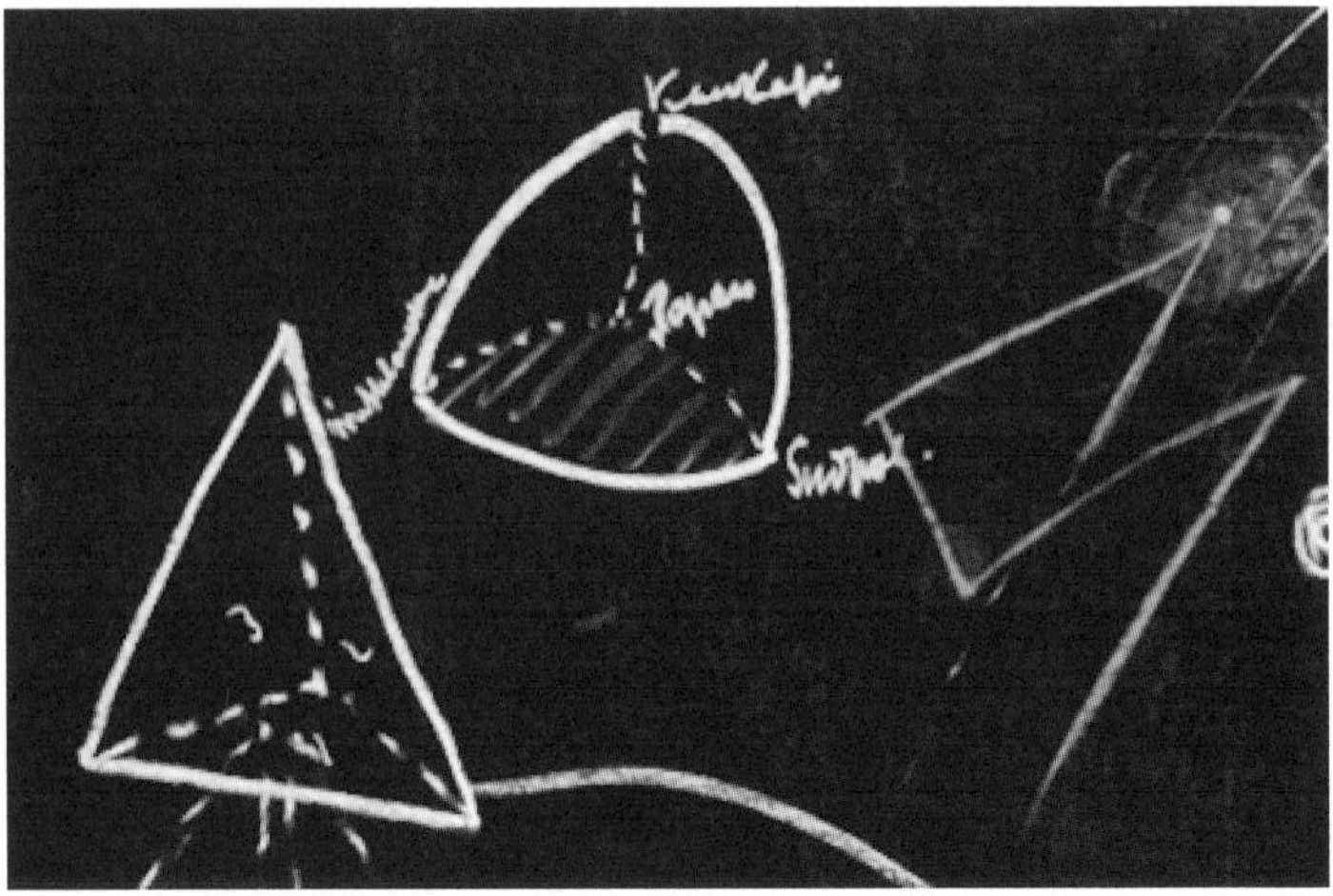

シュタイナーが書いたとされる地球の形（AnthroMedLibrary）

いますので、ちょっと長くなりますが、少し前から抜粋します。
また、実際には書籍に図はないですが、適度に図を添えました。

『天地の未来』
シュタイナーの1906年の講演
「地震の深層」より

地球は球体であり、球体として形成された、と言われています。しかし、地球が球体であるというのは正しくありません。地球は実際には、本来どのようなものか、説明しようと思います。

地球が球体だというのは空想にすぎません。

地球の形態を正しく思い描きましょう。四面体と呼ばれている形態です。

三角形が四つあります。底辺に三角形があり、さらに三つ三角形があって、ピラミッド形になっています。三角形が四つ境を接しているのが四面体です。

さて、これらの三角形の平面をいくらか湾曲させる、と考えてみてください。そうすると、やや異なってきます。丸くなりますが、まだ固定していません。直線だった三角形の辺は丸くなります。こうして、丸くなった四面体ができます。

このように丸くなった四面体が、私たちの地球なのです。これは、ある程度まで確認できることです。地球四面体の縁を見出すこともできます。地球を平面図で描いてみましょう。

北米・南米があり、その中間に中米があります。そしてアフリカがあり、ヨーロッパがあります。小アジア、ギリシア、イタリア、スペイン、フランス、つまりヨーロッパです。上にはスカンディナヴィア、イギリスがあります。それからアジアです。

下に南極があります。南極のまわりには、たくさんの火山があります。上に北極があります。私たちは線を引くことができます。メキシコ南西部のコリマ山のあるアメリカ中央部から発して、アンデス山脈を通って、南極にいたる線です。地球の縁は丸くなっています。

つぎに、南極からアフリカを通って、コーカサスの火山にいたる線があります。それからスイスを通り、ライン川を越えていく線です。これらの線は三角形に見えます。この三角形が、四角形の底面に相当します。

四面体の底面のことを考えてみてください。私たちは、どのようにして頂点にいたるでしょうか。地球の反対側に行かなければなりません。そうすると、頂点は日本です。

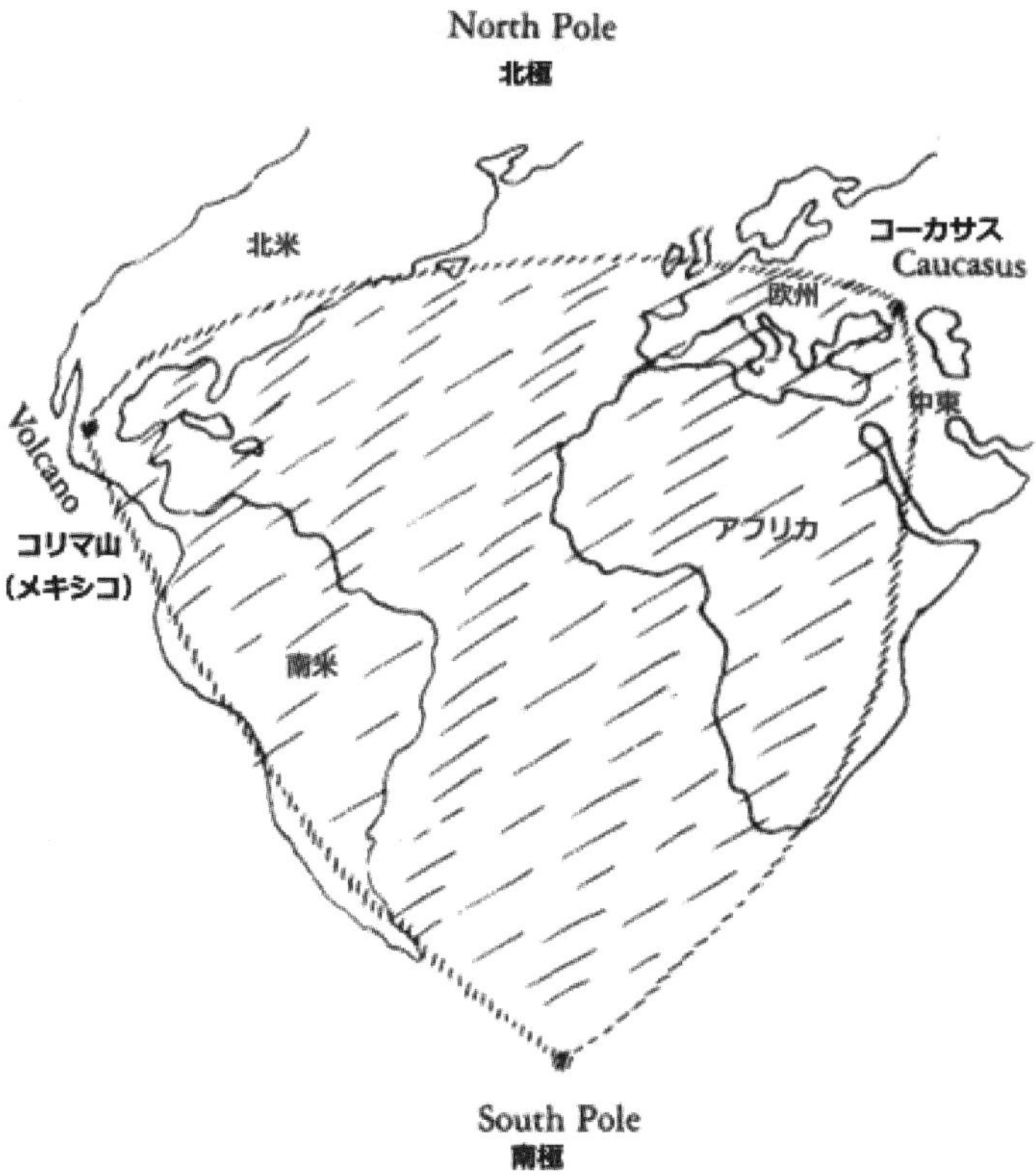

平面図で描いた地球（Wellspring）

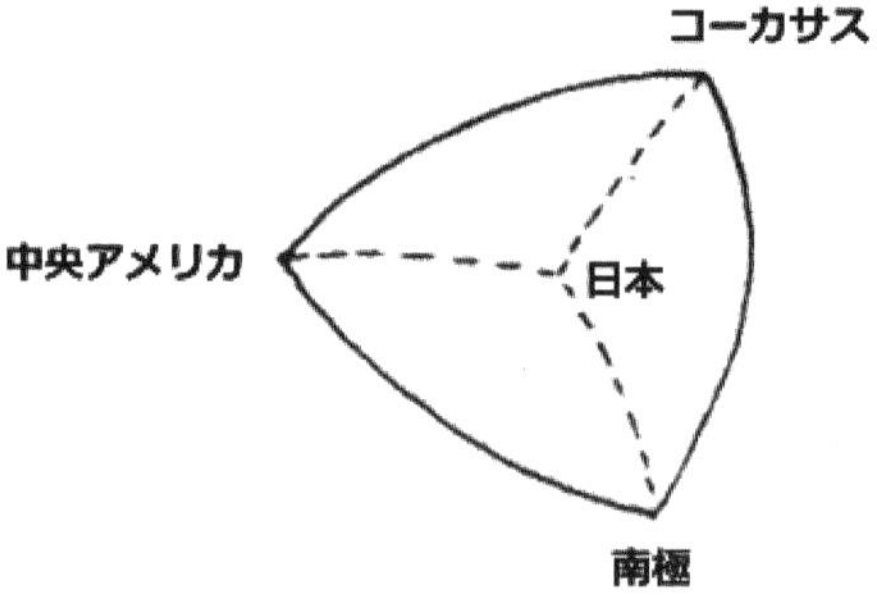

シュタイナーが書いた文字を日本語にした地球の図
(Wellspring)

四面体の底面の角に中央アメリカ、南極、コーカサスがあります。そして、頂点に日本があります。
このように地球を思い描くと、宇宙のなかの湾曲したピラミッドのようです。
頂点は日本です。
底面には、アフリカ、南米、太平洋の南部全体があります。このような湾曲した四面体、一種のピラミッドとして、地球は宇宙のなかに存在しています。これが地球のもともとの形です。

とあり、シュタイナーは、さらに続けて、このように述べています。

四面体を形成するこれらの線をたどって追っていくと、これらの線に沿って火山があるのが分かります。

チリなどにある南米の火山、南極の周囲にある火山について、みなさんは良く聞くことがあるでしょう。コーカサスには巨大な火山があります。

『ヨーロッパには火山は多くない。しかし、かつて火山があり、それが死火山になったことを、いたるところで証明できる』と、いうことができます。シュレジエンの北からブレスラウへ向かうと、奇妙な弧峰があります。

今日の人々は、この山を恐れています。この山の岩石を調べると、死火山があります。さきほどは底面のみを描きました。いたるところに、日本に向かう線があります。これらの線に沿って、地表に火山があります。

重要な火山を描いていくと、地球の形態ができあがる、ということができます。火山が線をなしており、それらの線が地球が四面体であることを示しています。

特に、「いたるところに、日本に向かう線があります。これらの線に沿って、地表に火山があります」という表現は、何だか、「日本は火山の王様」みたいな感じもしないでもない雰囲気もあります。

将来的に地球が分断する場所に引かれた地球の縁のライン

シュタイナーが「地球の縁」と呼んで、線を引いている場所で面白いのは、「重要な火山を描いていくと、地球の形態ができあがる」と言っていることで、確かに、世界の火山の分布を見ますと、シュタイナーの言う地球四面体の縁の部分と合致している場所も多いです。

内閣府　防災情報のページには、

世界には約1500の活火山があるといわれており、そのほとんどが環太平洋地帯に分布しています。日本には世界の活火山の約1割があり、世界有数の火山国といえます。

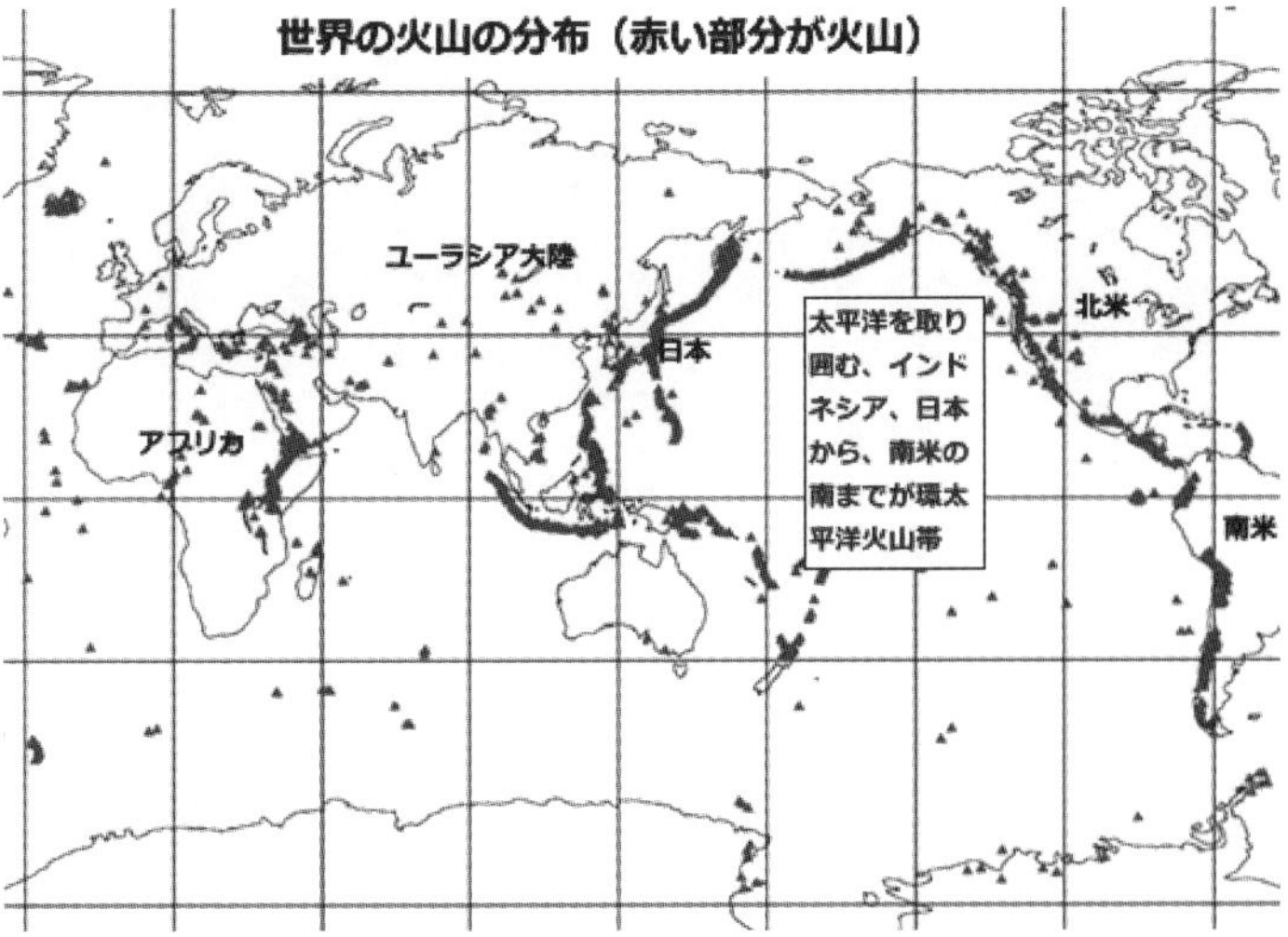

世界の火山の分布状況。スミソニアン自然史博物館（アメリカ）のGlobal Volcanism Programによる火山データをもとに、気象庁において作成（内閣府　防災情報のページ）

とあり、確かにほとんどの活火山はニュージーランドから始まり、インドネシア、日本、カムチャッカ、千島列島（クリル）、アラスカ、アメリカ西部、南米の西側に連なる環太平洋地帯に集中していますが、ヨーロッパにもわりと火山があることがわかります。

あと、アフリカが意外に多いのですが、アフリカの右側に火山が集中している場所があります。

シュタイナーの描く「地球の縁」は、このアフリカの火山集中地域を通っているのですが、このことがちょっと驚いたところでもあります。

ここは、大地溝帯という、将来的に分断されると地質学的に考えられている場所なのです。

大地溝帯 - Wikipedia

大地溝帯は、主にアフリカ大陸を南北に縦断する巨大な谷で、プレート境界の一つである。大地溝帯の谷は、幅35～100km、総延長は7000kmにのぼる。

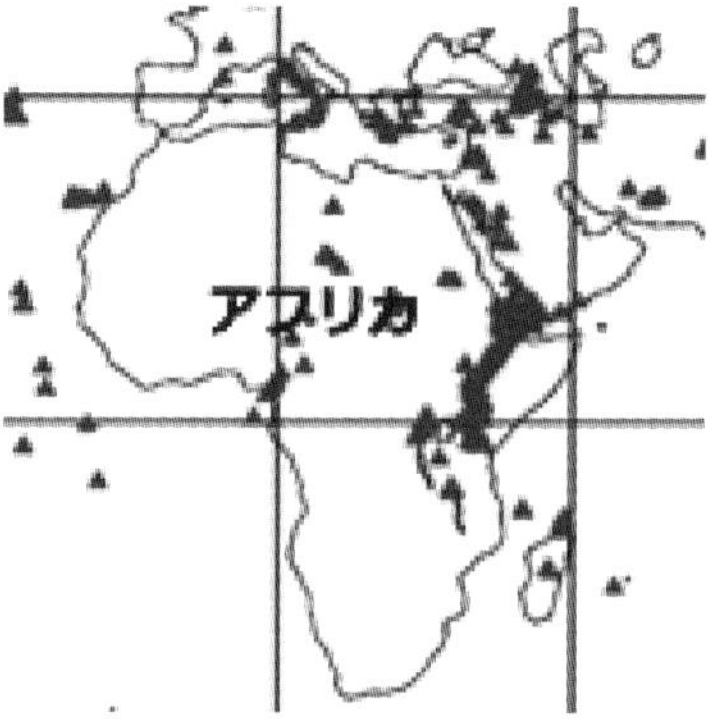

アフリカの火山分布状況

（中略）

今のままで行けば、数十万―数百万年後には大地溝帯でアフリカ大陸が分裂すると予想されている。

この大地溝帯は、アフリカ南部から、中東のイスラエルまで続く巨大な断層で、仮に地球が大きく変化するときには、「ここで地球が分かれる」というニュアンスを持っていると理解しています。

ここに、シュタイナーの「地球の縁」としての線が引かれていることは面白いと思います。

大地溝帯でアフリカ大陸が分断される、という学説は、知る限りでは、2005年から2010年までの研究の間に判明したことではないかと記憶しているのですが、1906年の時点で、シュタイナーがこの大地溝帯が「文字通り地球の縁になるかもしれない」ことを知っていたのかどうか。

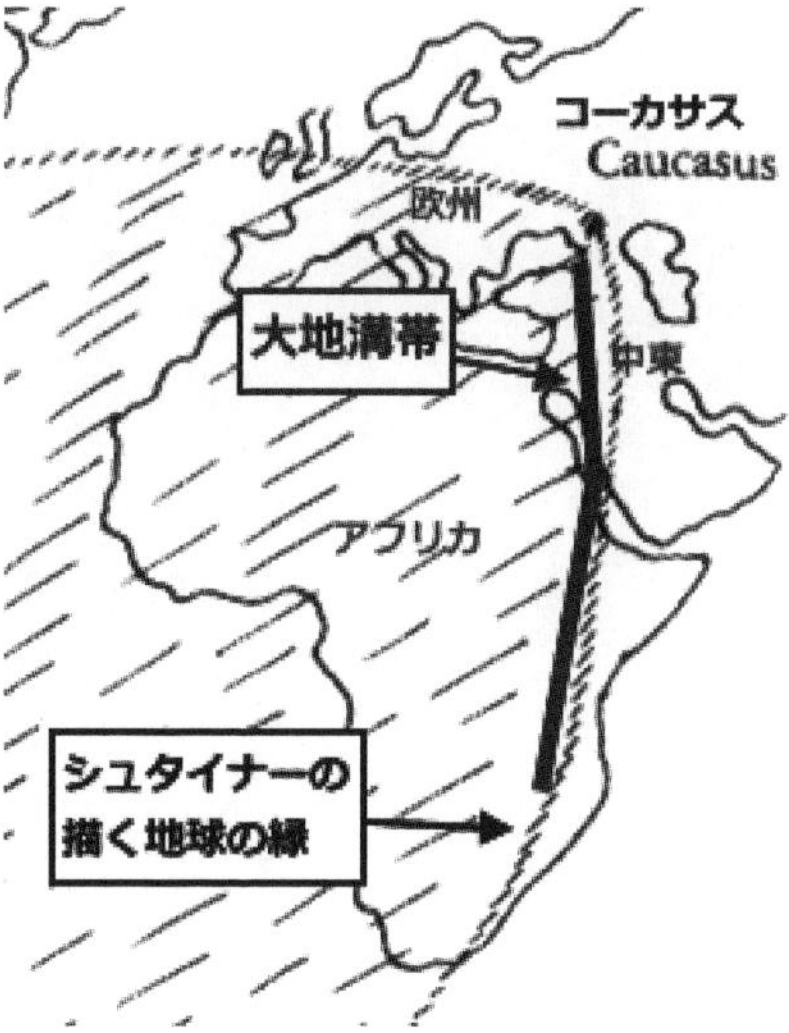

アフリカの大地溝帯と、シュタイナーが描いた「地球の縁」

非常に見にくい図ですが、地震の分布図（赤で塗られた場所）と、気温の平年差（赤いほど平年より高い）の図の上に、シュタイナーの描く四面体の地球の「縁」を線として書き込んだものがあります。

シュタイナーは「日本が地球の頂点」と述べていますが、他の三角形の頂点の場所を示してみました。

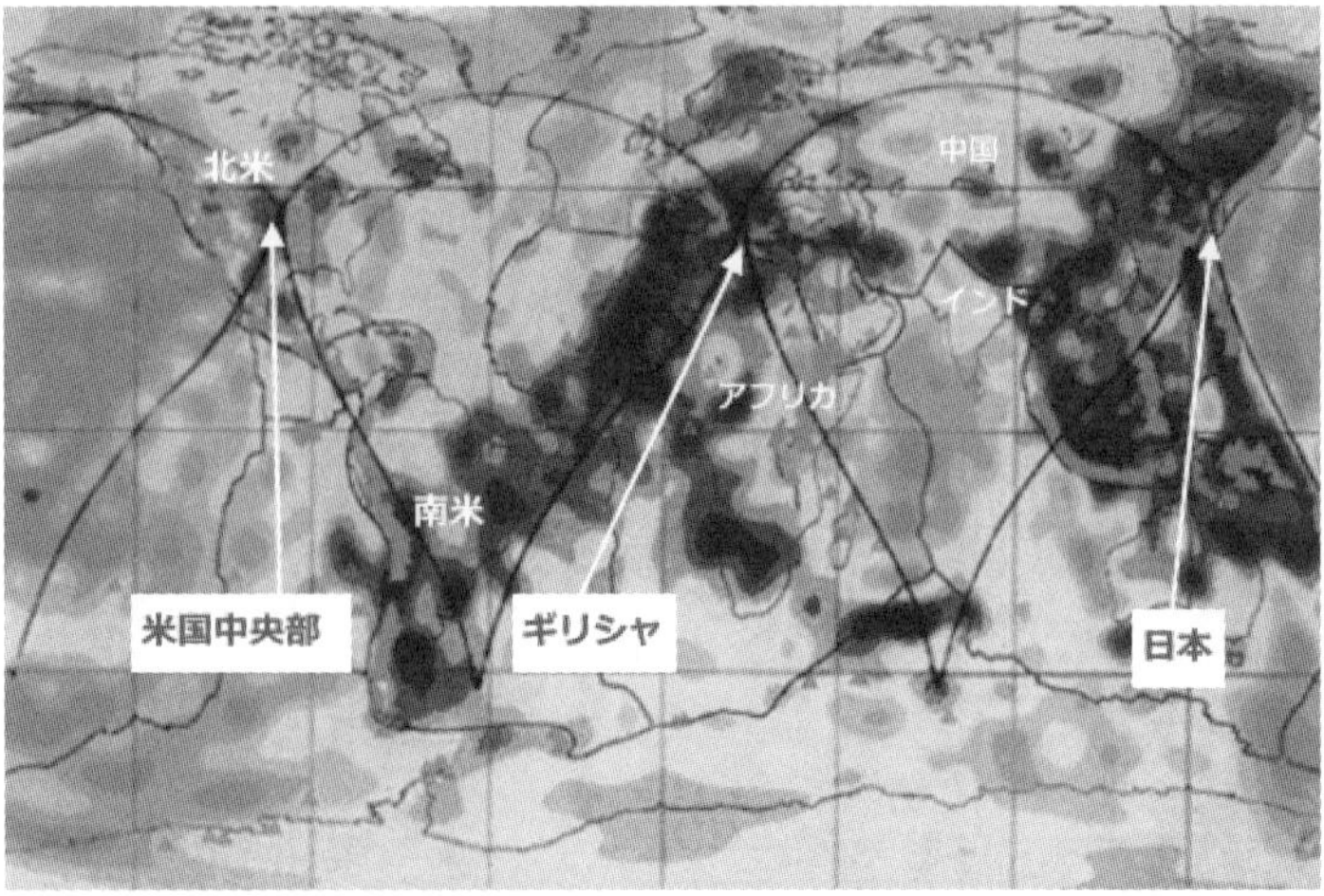

地震の分布図と、気温の平年差の図の上に、シュタイナーの描く四面体の地球の「縁」を書き込んだ図（AnthroMedLibrary）

シュタイナーの地球モデルだと、

・日本
・ギリシャ
・米国

などが、それぞれ「角」ということになりそうです。

この『天地の未来』で示される日本の位置の意味というのは、次のどちらかなのかもしれません。

①日本での地震や噴火などの自然災害が世界に影響を与える

②世界中の地震や火山噴火が日本に影響を

与える

どちらにしても、どうやら日本は「地球の変化を示す頂点」という象徴性を持つのかもしれません。

地震予知は地球のカルマに介入する悪しき事

ところで、シュタイナーは「予知」について、どう考えているのか。つまり、地震予知とか、そういうものです。

これについては、シュタイナーは完全に「否定」しています。

予測できないということではなく、「予測してはいけない」として、たとえば、次のようなことも述べています。

人間がこのような出来事を処理しようとすると、いかに恐ろしい方法で地球全体のカルマに介入することになるか、よく考えてください。

恐ろしい形で反応が生じるでしょう。例外的に、秘儀に参入した者が地震を予知したとき、自分のため、もしくは自分に近い者たちのために、その知識を用いることはできるでしょう。

しかし、その秘儀参入者たちは事態を知りつつ没するにちがいありません。

何千年・何百万年をとおして人類のカルマのなかに存在してきたことがらは、短期間で廃されたり、無力にされたりしないからです。

地震予知というのは、特殊な能力でそれができる人も「してはいけない」し、それをした人は、「予測できても、地震にやられる」ということになるようです。

そんな感じで、シュタイナーの本に唐突に出てきた「日本」は、神秘学における地質学での、地球の頂点に位置していることを知ったのでした。

33の意味

ところで、この『天地の未来』の最初に、訳者の西川隆範さんの序文があるのですが、その内容には以下のようなことが書かれてありました。
「33」という数と関係することです。

『天地の未来』諸言より

中世ドイツの神秘哲学者アグリッパ・フォン・ネッテスハイムが作成した「大天使カレンダー」によると、1879年にミカエルの時代が始まる。

人智学の創始者ルドルフ・シュタイナーは、

「天で戦いが起こった。ミカエルとその使いたちが、竜に戦いを挑んだのである。竜とその使いたちも応戦したが、勝てなかった。そして、もはや天には彼らの居場所がなくなった。この巨大な竜、年を経た蛇、悪魔とかサタンとか呼ばれるもの、全人類を惑わす者は、地上に投げ落とされたのである。その使いたちも、もろともに投げ落とされた」(『ヨハネ黙示録十二章』)

という事件が起こったのはこの年だ、と述べている。

人間の一生は月のリズム（約18年半）に従って変化を遂げていき、社会は太陽のリズム（33年）に従って展開していく。

1879年から33年が二度めぐったとき、広島、長崎に原爆が落とされ、それからまた33年が二度めぐったとき、福島の原発事故が発生した。

その後、いろいろな記述がありますが、序文のラストは以下のように締めくくられています。

1998年（666×3）に悪魔的存在が地上に誕生し、21世紀前半中にも活動を開始する、とシュタイナー学派は見ている。他方、本書でシュタイナーも語っているが、紀元前3101年に始まった暗黒時代（カリユガ）の第一期が1899年に終了し、精神世界への見通しが明るくなってきている。

幾多の困難が今後もやってくるだろうが、全体的には世界は精神化へ向かっている。物欲の時代は終わり、心魂浄化の時代が始まっている。時代の流れを促進するか、物質に固執して混迷を深めるか、個人個人の生活が岐路に立っている。

私たちはいま、比類なき美しい自然に鎮座なさっている神々にふさわしい国土をあらためて築いていく時期を迎えたのではないだろうか。

「カリユガ」というのは、ヒンドゥー教の概念で、要するに「悪と破壊の時代」のことを指すようです。Wikipedia によれば、紀元前3102年1月23日より始まった「悪徳の時代」とされ、現在はこの時代の中にいるとされているようです。

それにしても、色々な立場から、たとえば地球とか自然災害などを見ますと、まったく違う側面がいろいろとあって、どちらが正しい正しくないということではなく、様々な価値観が膨らんでいくようで、なかなか楽しいものです。

浅川嘉富　あさかわ よしとみ

地球・先史文明研究家。

1941年生まれ。東京理科大学理学部卒業。大手損害保険会社の重役職をなげうって、勇躍、世界のミステリースポットに向け、探求の旅に出る。その成果は、『謎多き惑星地球《このほし》（上／下巻）』や『恐竜と共に滅びた文明』（共に徳間書店刊）、『2012年アセンション最後の真実』（学習研究社）、『[UFO宇宙人アセンション] 真実への完全ガイド』『世界に散った龍蛇族よ！』『神々の楽園 八ヶ岳』『最後の楽園PERÚ』（ヒカルランド）などにまとめられている。

ホームページ：http://www.y-asakawa.com

岡 靖洋　おか やすひろ

1963年、北海道出身。明治大学経営学部中退。その後、国内外を放浪。2009年から世界の情報を発信し続ける。それ以前の経歴は基本的に非公表。

In Deep

http://indeep.jp

In Deep メルマガ

https://www.mag2.com/m/0001684042.html

コロナ・終末・分岐点　魂のゆく道は3つある！

第一刷　2020年10月31日

著者　浅川嘉富
著者　岡　靖洋

発行人　石井健資
発行所　株式会社ヒカルランド
〒162-0821　東京都新宿区津久戸町3-11　TH1ビル6F
電話　03-6265-0852　ファックス　03-6265-0853
http://www.hikaruland.co.jp　info@hikaruland.co.jp
振替　00180-8-496587
本文・カバー・製本　中央精版印刷株式会社
DTP　株式会社キャップス
編集担当　後藤美和子

ISBN978-4-86471-934-6

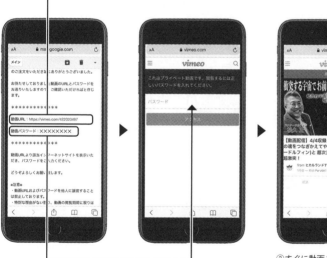

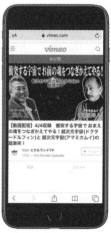

イチオシ動画！

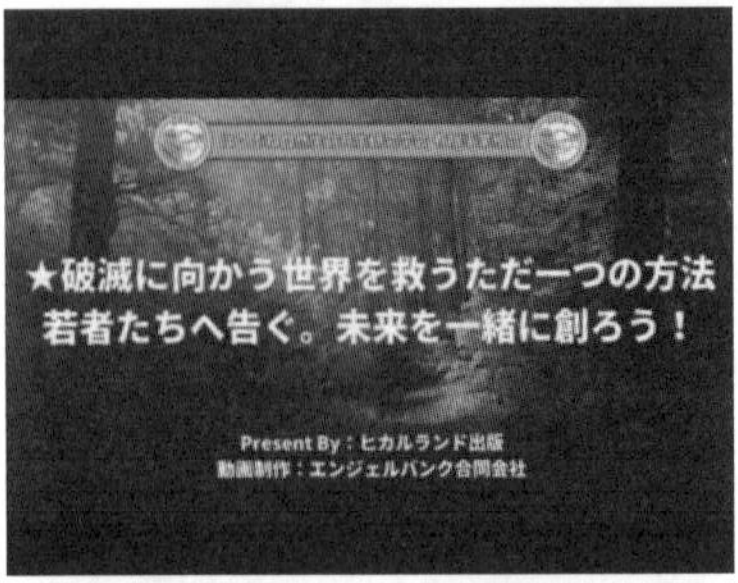

★破滅に向かう世界を救うただ一つの方法　若者たちへ告ぐ。未来を一緒に創ろう!

出演:池田整治、ドクターX、坂の上零
8,000円
195分

エナの超シンプルな生き方 Step1

出演:内山エナ
7,700円
75分

宇宙意識につながる覚醒セミナー

出演:中西研二（ケビン）、宮井陸郎（シャンタン）
12,000円
137分

ハートの聖なる空間から生きる―『ダイヴ! into アセンション』出版記念セミナー&瞑想会

出演:横河サラ
6,000円
110分

ヒカルランド YouTubeチャンネル

ヒカルランドでは YouTube を通じて、新刊書籍のご紹介を中心に、セミナーや一押しグッズの情報など、たくさんの動画を日々公開しております。著者ご本人が登場する回もありますので、ヒカルランドのセミナーになかなか足を運べない方には、素顔が覗ける貴重なチャンスです！ぜひチャンネル登録して、パソコンやスマホでヒカルランドから発信する耳よりな情報をいち早くチェックしてくださいね♪

続々と配信中!!

新刊情報

グッズ情報

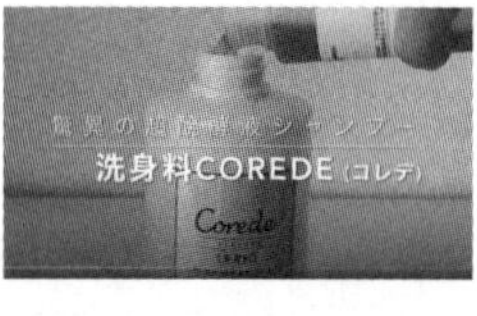

著者からメッセージも!

ヒカルランド YouTube チャンネルはコチラ！

https://www.youtube.com/user/kshcoidhasohf/featured

＊ご案内の価格、その他情報は発行日時点のものとなります。

独自のレンズ構造が太陽のエネルギーを変換！

「心冴（ココ）Blue」と「美美（ビビ）Pink」は、太陽の光の波長から、狙った色を最大限に通し、他の波長の色を抑えるという、独自のレンズ構造を持った東海光学株式会社オリジナルのサングラスです。ブルーのレンズは「集中」、ピンクのレンズは「リラックス」というように、それぞれ作用の異なるエネルギーが目から脳に送られることで、心と体と意識の状態が高いレベルで調和され、維持されやすくなります。日々の生活において、ただサングラスをかけるだけで、太陽のエネルギーを良い影響を与える力に変換し、取り込むことができるのです。

ブルーは仕事や勉強に集中！ ピンクはイライラなど不調を解消

「心冴 Blue」は、潜在意識に作用して覚醒度や集中度を高められ、「集中して仕事や勉強をしたい」、「新しいことにチャレンジしたい」といったシーンに活躍。「美美 Pink」は、気分が明るく前向きになり、疲れやイライラ感を軽減する効果があります。特に女性には、生理不順や更年期障害などホルモンバランスの変動があるため、身体に不調を感じた時などにおすすめです。

ブルーとピンクをペアで使うとさらに効果的！

「ブルーやピンクのカラーだと目が疲れるのでは？」と抵抗がある人もご安心ください。かけて数分経つと、脳がブルーとピンクそれぞれの色の視界を認識して、色味を感じなくなるのです（個人差があります）。おすすめの使い方は、朝起きたらまずブルーをかけます。朝から日中に使用すると、体内時計が整って集中力がアップするので、仕事や家事がはかどります。そして、1日の終わりにはピンクを。交感神経と副交感神経がバランスされ、ゆっくり休めます。エネルギー調整の新習慣をぜひお試しください。

光一さん

これまでに数多くのスピリチュアルワークを習得したエネルギーワーカー。著書に『エネルギー経営術』（ヒカルランド刊）など。

エネルギーワーカーの光一さんも絶賛

リーディングした結果、ブルーは覚醒、ピンクはリラックスで、この相反する作用が松果体と脳を刺激し、反復することで能力向上に繋がるのだな、と確信。実際、かけてみて、エネルギー的にも間違いないと実感しました。

ヒカルランドパーク取扱い商品に関するお問い合わせ等は
メール：info@hikarulandpark.jp　URL：http://www.hikaruland.co.jp/
03-5225-2671（平日10-17時）

＊ご案内の価格、その他情報は発行日時点のものとなります。

ソマチッドのパワーを凝縮！

ハイパフォーマンスエッセンス

■ 33,000円（税込）

●内容量：30㎖　●成分：希少鉱石パウダー　●使用方法：スポイトで直接垂らす。もしくはスプレーボトルを用意し、お好みの量をお水で希釈してお使いください。

ナノコロイドシリカ濃縮溶液に浸けたソマチッド鉱石そのものを製品化しました。人体はもちろん生活用品など、あらゆるものの周波数を整えてソマチッド化し、電磁波などのマイナスな影響を緩和することができます。

古代の眠りから蘇ったエネルギー

ソーマ∞エナジー

■ 33,000円（税込）

●内容量：100g　●成分：希少鉱石パウダー　●使用方法：お水に溶かして泥状にしてお使いください。

選りすぐりのソマチッド含有鉱石をブレンドした粉末は、水で溶かし泥状にすることで用途が広がります。ソマチッドパックとしてお肌に、入浴剤としてお風呂に♨。お皿に盛ってラップで包みその上に野菜を載せれば農薬浄化も！

繰り返し使えるホルミシスミスト

ハイパフォーマンスイオンミスト

■ 11,000円（税込）

●内容量：150㎖　●成分：水、鉱石パウダー　●使用方法：体に噴霧して疲労や痛みのケアに、空間に噴霧して静電気除去など居住空間の浄化に。

特殊フィルムによりラジウムイオンを発生。ソマチッド、シリカ、ホルミシスのトリプル相乗効果により、スキンケアのほかルームスプレーとしてお部屋をイヤシロチにできます。使い切った後もお水を入れることでホルミシスミストとして継続利用できます。

ヒカルランドパーク取扱い商品に関するお問い合わせ等は
メール：info@hikarulandpark.jp　URL：http://www.hikaruland.co.jp/
03-5225-2671（平日10-17時）

本といっしょに楽しむ ハピハピ♥ Goods&Life ヒカルランド

ソマチッドにフォーカスした唯一無二のアイテム
コンディション&パフォーマンスアップに

勢能幸太郎氏

ソマチッドをテーマにした書籍を多数出版し、いち早く注目してきたヒカルランドに衝撃が走ったのは2020年のこと。そのソマチッドが前例のないレベルで大量かつ活発な状態で含有したアイテムが続々と登場したのです！　開発者は独自理論による施術が話題のセラピスト・施術家の勢能幸太郎氏。勢能氏は長年の研究の末、膨大なソマチッド含有量を誇る鉱石との出会いを果たし、奇想天外な商品を次々と生み出しました。ソマチッドとは私たちの血液の中に無数に存在するナノサイズの超微小生命体。数を増やし活性化させるほど、恒常性維持機能や免疫系、エネルギー産生などに働き、健やかで元気な状態へと導いてくれます。他ではまねできない勢能氏のアイテムを活用して、生命の根幹であるソマチッドにエネルギーを与え、毎日のパフォーマンスをアップしていきましょう！

ソマチッドを蘇生させ潤いのあるお肌へ

CBD エナジークリーム
■ 33,000円（税込）
●内容量：30mℓ
●成分：水、BG、パルミチン酸エチルヘキシル、トリ（カプリル／カプリン酸）グリセリル、グリセリン、火成岩、ミネラルオイル、オリーブ油、ベヘニルアルコール、ホホバ種子油、スクワラン、ペンチレングリコール、ステアリン酸ソルビタン、白金、カンナビジオール、シリカ、冬虫夏草エキス、アラントイン、ポリゾルベート60、カルボマー、水酸化 K、フェノキシエタノール、デヒドロ酢酸 Na、メチルパラベン
●使用方法：適量を手に取り、トリガーポイントや不調・疲労を感じているところなどになじませてください。

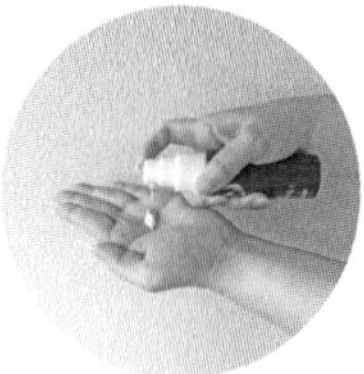

勢能氏が最初に開発したソマチッドクリームには、ホメオスタシスの機能を高める麻成分 CBD ほか、たくさんの有効成分を配合。クリーム内のソマチッドと体内のソマチッドが共振共鳴し合い、経絡を伝わって体全体を活性化します。

レイシ（霊芝）
血流をよくし、免疫力を正常化する働きをもつレイシをあわせ、センダンの効果を高めています。

センダン（栴檀）
古くより薬草として用いられ、葉のエキスからは、ウイルスを除去（不活化）する成分が発見されています。

■ なぜ“のど飴”なの？

ウイルスが感染するのは、喉の粘膜。鼻や口から入ったウイルスは、喉の粘膜から細胞に侵入し、血液によって全身にひろがっていきます。つまり、ベストな方法は、喉で防御するということ。

喉からの感染を防ぐためには、喉の粘膜に分泌される免疫抗体・IgA抗体という物質を増殖させる必要があります。しかし、これはワクチン接種ではかないませんし、それだけでは十分とは言えません。

また、錠剤やスプレータイプなどについても比較検討・実験し、データ取得もしましたが、一番押さえておきたい喉を守るためには、飴が一番という結論に達しました。

■ 特許取得！　驚きの数値も出ています！

「インフルエンザ予防・治療用の投与組成物」として2014年に特許認可、登録されています。飴としては、世界初の発明品と言えます。

また、日本食品分析センターによるウイルス不活化試験の結果、驚きの数値も報告されています。

＊試験ウイルスはインフルエンザウイルスＨ１Ｎ１
（財団法人日本食品分析センター　第209040684-001号）
＊特許取得品（特許第5578646号）

◆お召し上がり方◆

人混みに行ったとき、人と会話したとき、帰宅したら“舐める”のではなく、口の中に“置いておく感じ”で、ゆっくりと溶かしながら召し上がってください。この方法ですと、１粒あたり30分くらい、お口の中にある状態になります。

(30分で98%、２粒摂ると99%ウイルスが不活化するというデータが出ています)

１日１粒～４粒を目安にお楽しみください。

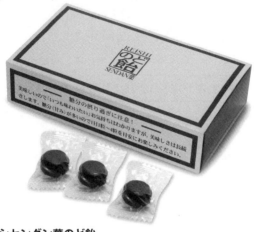

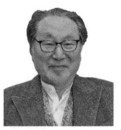